Edda Onorato
du blog "Un déjeuner de :

CUISINER LES PRODUITS MÉDITERRANÉENS

130 recettes pour ensoleiller votre cuisine

Chère Fiona, c'est ton sourire et ta bonne humeur qui ont ensoleillé la cuisine de Cook and Speak.
Je te souhaite de belles aventures culinaires et autres. Bisous Cécile

prat éditions

Imprimé sur papier 100 % recyclé

Textes, recettes et photos intérieures d'Edda Onorato,
à l'exception des photos ci-dessous :

Photos de couverture : Régis Grman
p. 50 en haut : © M.studio / Fotolia.com – p. 50 en bas : © Maksym Protsenko / Fotolia.com
p. 51 : © yellowj / Fotolia.com – p. 108 au milieu à gauche : © mskorpion / Fotolia.com
p. 108 au milieu à droite : © Valérie Deleplace / Fotolia.com
p. 108 en bas : © dinosmichail / Fotolia.com – p. 152 en haut à droite : © cmfotowork / Fotolia.com
p. 152 en bas à gauche : © Lilyana Vynogradova / Fotolia.com
p. 152 en bas à droite : © Kostas Kalpenidis / Fotolia.com
p. 178 à gauche : © Mariusz Prusaczyk / Fotolia.com – p. 178 à droite : © tobago77 / Fotolia.com
p. 178 en bas : © Mariusz Prusaczyk / Fotolia.com – p. 179 : © Magdalena Kucova / Fotolia.com

Direction éditoriale : Anne-Laure Marie
Édition : Emmanuelle de Villedary
Coordination éditoriale : Maud Taïeb
Relecture : Annabelle Biau
Correction : Élodie Nicod
Conception graphique : Editédito
Couverture : Julien Josset
Composition : Éditédito

52, rue Camille-Desmoulins
92448 Issy-les-Moulineaux Cedex

ISBN : 978-2-8095-0626-6

J'ai grandi au milieu de la lumière éclatante de la Méditerranée, son air doux, ses couleurs inoubliables. Depuis l'enfance, je hume et je déguste ses magnifiques produits. En cuisine, je ne pourrais me passer du parfum du basilic, de l'ail, du citron, de l'eau de fleur d'oranger, de la saveur de la tomate, du fondant de l'aubergine, des délicieux jambons, de la magie de l'huile d'olive, du goût laiteux de la feta ou de la mozzarella, sans oublier la fraîcheur des poissons frétillants.

Avec ce livre, je souhaite vous faire partager mon amour pour la Méditerranée, sa cuisine fascinante, généreuse, au travers de mes recettes, traditionnelles ou créatives, simples, fraîches, à la portée de tous.
Ce livre est une invitation au voyage, dans le sud de la France, en Italie, en Espagne ou en Grèce, mais aussi en Turquie, au Liban, au Maghreb... à la redécouverte de 40 produits familiers, ensoleillés, et utilisés dans les cuisines de ces pays depuis des siècles, parfois des millénaires.

La liste des produits, des pays et des recettes serait infinie. Ici, j'ai choisi ceux qui m'inspirent au quotidien, qui me ramènent en enfance, en Italie ou en France, ou qui me font revivre de beaux souvenirs de voyage.
De l'entrée au dessert, en passant par les conserves et les boissons, vous trouverez un festival de tapas, mezzé, antipasti, plats mijotés, tajines, boulettes, pains, pizzas, pâtes, salades, glaces ou petites douceurs parfumées.

J'espère que ce livre ensoleillera aussi votre cuisine, vous donnera envie de faire voyager vos papilles et de partager cette joie avec ceux que vous aimez.

Edda Onorato

SOMMAIRE

Le chorizo, le figatellu et les salamis 116

Le jambon cru 122

Le rouget 128

La sardine et l'anchois 134

Le thon et l'espadon 140

Le veau 146

FROMAGES

La feta 154

La mozzarella 160

Le parmesan 166

LÉGUMES

L'ARTICHAUT

L'AUBERGINE

LA COURGETTE

LE POIS CHICHE

LE POIVRON ET LE PIMENT

LA TOMATE

L'ARTICHAUT

Bouton floral vert, coriace mais à la saveur douce, l'artichaut fait partie du paysage méditerranéen depuis toujours. Je nourris une grande passion pour ce légume que je déguste toute l'année et sous toutes ses formes.

Saisonnalité et variétés

En France, la saison de l'artichaut va de mai à décembre selon les variétés : le blanc camus de Bretagne est disponible jusqu'en novembre et le violet de Provence jusqu'en décembre.
Choisissez les artichauts bien fermes, lourds, verts et avec des feuilles bien attachées. Conservez-les au frais deux ou trois jours maximum.
Pour les artichauts farcis ou cuits simplement à l'eau (une demi-heure environ), utilisez le camus, en prenant soin de bien retirer le foin.
Pour les salades crues ou cuites, ou encore les recettes braisées, privilégiez les artichauts violets, si possible poivrade (plus jeunes). Ils seront plus tendres, goûteux et avec très peu de foin.

Une longue histoire

L'artichaut est en réalité la fleur non éclose d'un chardon amélioré par les botanistes au fil des siècles. Le chardon est originaire du Moyen-Orient mais s'est très vite répandu dans tout le Bassin méditerranéen, car il résiste aux climats chauds et secs. Il était déjà très apprécié par les Grecs et les Romains.

L'artichaut, quant à lui, n'est apparu qu'au XIVe siècle, d'abord en Afrique du Nord, puis en Espagne, et enfin en Italie. Catherine de Médicis, qui en était très friande, est à l'origine de l'introduction de sa culture en France, en 1533.
Pendant longtemps, l'artichaut a été considéré comme un mets très recherché, aux vertus aphrodisiaques, au point qu'il était parfois interdit aux femmes !

Autour de la Méditerranée

L'artichaut est souvent consommé cru, généralement en salade, juste assaisonné d'huile d'olive, de sel et de citron, comme les artichauts à la croque provençaux, la *torchi ganaria* tunisienne ou la salade d'artichauts italienne, dans laquelle on rajoute souvent des copeaux de parmesan ou de pecorino.

Il est aussi consommé cuit, notamment braisé, comme les artichauts à la romaine (p. 12), les artichauts poivrade à la barigoule, le ragoût d'artichauts et fèves grec, ou encore les tajines d'artichauts, fèves et petits pois.
Ce légume devient parfois un plat à part entière quand il est farci : en Provence avec du riz, au Maroc avec de la viande de mouton, au Liban avec du bœuf, et enfin en Grèce, avec du fromage de brebis.

Plein d'idées pour le cuisiner

COMMENT PARER LES ARTICHAUTS VIOLETS

- Rincez les artichauts. Retirez les feuilles extérieures les plus coriaces pour ne garder que celles qui sont plus fines et tendres.
- Coupez l'extrémité piquante (1 cm environ). Avec un couteau bien tranchant, affinez la tige en retirant la couche la plus fibreuse.
- Plongez immédiatement les artichauts dans de l'eau citronnée pour éviter qu'ils ne s'oxydent.

> ITALIE, ESPAGNE

ARTICHAUTS FRITS

Pour 4 personnes

- Nettoyez 8 artichauts poivrade puis parez-les (voir ci-dessus). Coupez-les en quatre quartiers et plongez-les dans de l'eau citronnée. Essuyez-les soigneusement avec du papier absorbant.
- Faites chauffer un bain de friture à base d'huile d'arachide à 170 °C (si l'on y plonge un morceau de pain, de nombreuses bulles doivent se former). Plongez-y six morceaux d'artichaut à la fois, baissez un peu le feu et faites-les dorer de tous les côtés. Réservez-les sur du papier absorbant et salez.
- Procédez de même avec le reste des artichauts et servez bien chaud à l'apéritif.

ASSOCIATIONS IDÉALES

CLASSIQUES

En salade crue, avec de l'huile d'olive, des herbes fraîches et d'autres condiments : cébettes, menthe, coriandre, persil, basilic, ail, câpres, olives.

En salade tiède ou braisés, avec d'autres légumes : oignons nouveaux, petits pois, fèves, carottes, fenouils, pommes de terre, tomates.

Juste cuits à l'eau, assaisonnés avec une vinaigrette au citron ou à l'orange, ou encore de l'aïoli (p. 184).

Farcis ou mijotés, avec de la viande de bœuf, d'agneau ou de porc.

Gratinés, avec du fromage de brebis, de la chapelure aromatisée aux herbes, câpres et anchois.

Les fonds cuits et mixés, pour accompagner du poisson : saumon, bar, lotte...

INSOLITES

Sautés avec des fruits de mer : crevettes, palourdes, crabe, huîtres...

Artichauts farcis à la romaine

Je crois que cette recette d'artichauts farcis, servis entiers et typique de Rome, reste une de mes préférées. La qualité des artichauts qu'on trouve là-bas, notamment au printemps, y est aussi pour beaucoup. Il s'agit d'un plat tout simple, très parfumé (grâce à la menthe sauvage) et assez léger qui accompagne à merveille l'agneau, par exemple.

POUR 4 PERSONNES

PRÉPARATION : 15 MIN — CUISSON : 30 MIN

• 8 artichauts violets moyens • les feuilles d'1/2 bouquet de persil plat • 1 dizaine de feuilles de menthe • 1 gousse d'ail • 1 citron • huile d'olive vierge extra • sel, poivre.

1 Préparez les artichauts en enlevant les feuilles les plus coriaces et la couche extérieure de la tige (voir conseils, p. 11). Coupez le haut de l'artichaut puis écartez légèrement les feuilles et retirez le foin si besoin. Réservez les artichauts entiers dans de l'eau citronnée.

2 Lavez, essuyez et hachez le persil, la menthe et l'ail, puis salez. Répartissez ce mélange dans le cœur des artichauts. Placez les artichauts dans une cocotte, tête en bas, les uns à côté des autres de manière à ce qu'ils tiennent debout.

3 Versez de l'huile d'olive jusqu'à atteindre 1 cm de hauteur puis le double de volume d'eau. Salez, couvrez et laissez cuire à feu moyen 20 à 30 minutes. Les artichauts doivent devenir tendres mais rester entiers.

4 Égouttez les artichauts (en mettant de côté un peu de sauce), salez et poivrez. Servez-les chauds ou à température ambiante, en accompagnement d'une viande ou d'un poisson.

CONSEILS ET VARIANTES

• À Rome, on utilise une sorte de menthe sauvage (la *mentuccia*) pour aromatiser les artichauts. C'est ce qui leur donne leur saveur unique !
• Vous pouvez aussi les faire cuire au four à 160 °C, dans une cocotte ou un plat en céramique. Dans ce cas, recouvrez le tout de papier d'aluminium et doublez le temps de cuisson.
• Vous pouvez bien sûr enrichir la farce avec des câpres, de la chapelure, du zeste de citron jaune ou des filets d'anchois, par exemple.

Salade tiède d'artichauts et de fèves

Les salades tièdes d'artichauts traversent de nombreux pays de la Méditerranée et sont servies en entrée ou en accompagnement. Celle-ci, inspirée d'une salade tunisienne, a du caractère, grâce à la pointe de harissa.
Ce qui me séduit dans ce genre de salade, c'est qu'il suffit de modifier quelques ingrédients pour s'évader dans un autre pays : l'Italie (avec des petits pois, des asperges et de la menthe), la Provence (avec de la sarriette), ou la Grèce (avec de l'aneth).

POUR 4 PERSONNES

PRÉPARATION : 10 MIN — CUISSON : 30 MIN

• 6 à 8 artichauts violets (poivrade) • 60 g de fèves fraîches (pelées) • 3 oignons nouveaux • 1 gousse d'ail • ½ c. à c. de harissa (facultatif) • quelques feuilles de persil plat • 1 citron • 3 c. à s. d'huile d'olive vierge extra • sel.

1 Préparez les artichauts : lavez-les, effeuillez-les en retirant la partie la plus coriace, puis coupez l'extrémité à 1 ou 2 cm. Coupez-les en 6 tranches chacun et plongez-les dans de l'eau citronnée.

2 Épluchez les oignons et l'ail (retirez le germe). Dans une sauteuse, versez l'huile d'olive, ajoutez les oignons, l'ail et la harissa, puis les artichauts. Salez et recouvrez d'eau. Faites cuire à feu doux 20 minutes environ.

3 Cinq minutes avant la fin de la cuisson, ajoutez les fèves. Les artichauts doivent devenir tendres mais rester entiers.

4 Servez tiède, parsemé de persil plat.

CONSEILS ET VARIANTES

Cette salade se conserve plusieurs heures à température ambiante recouverte de film alimentaire. Sur cette base, vous pouvez ajouter en cours de cuisson une tomate coupée en morceaux, un fenouil émincé, des asperges, des petits pois… ou bien omettre la harissa et la remplacer par un petit piment. Vous pouvez également ajouter de la menthe.

L'AUBERGINE

L'aubergine est emblématique des pays méditerranéens. Dans certains pays, comme la Turquie, le Liban ou l'Italie, elle est même considérée comme le légume national ! À la maison, nous l'adorons à toutes les sauces mais c'est surtout en gratin qu'elle est le symbole des repas d'été heureux en famille.

Saisonnalité et variétés

Privilégiez sa saison qui s'étend de mai à septembre. Choisissez des aubergines pas trop grosses et bien fermes.

Pour les plats mijotés : prenez des aubergines violettes rondes (black beauty) ou longues (little finger), plus corsées.

Pour les plats gratinés ou les aubergines farcies de viande, de légumes, de riz ou de pâtes, optez pour des aubergines rondes, zébrées ou blanches.

Pour les versions sucrées : choisissez des blanches, des zébrées ou la *rosa canina*, plus douces.

Une longue histoire

Bien que l'aubergine soit notre compagne depuis des siècles, elle est originaire d'Inde.

Introduite par les Arabes au début du Moyen Âge, elle a été suspectée de bien des maux, car elle contient de la solanine, une substance toxique si elle est consommée crue en grande quantité. C'est pourquoi, au XVe siècle, on l'appelait *mala insana* « pomme des fous ». Le nom est resté en italien (*melanzana*). Les noms français et catalan (*alberginia*) proviennent de l'arabe *al-badindjan*.

L'aubergine connut ses premiers succès au Proche-Orient, en Italie, en Espagne et enfin dans le sud de la France. Ce n'est qu'après la Révolution française (sous le Directoire) qu'elle se développa au nord de la Loire.

Autour de la Méditerranée

L'aubergine cuite et réduite en purée est un grand classique de la cuisine méditerranéenne, comme dans le célèbre caviar d'aubergine provençal (p. 17), le *baba ghanoush* libanais, ou la *melitzanosalata* grecque.

On la retrouve mijotée avec d'autres légumes d'été dans la ratatouille, le tian ou la *caponata* sicilienne (p. 20), maltaise ou tunisienne.

L'aubergine entre également dans la composition de plats mijotés plus élaborés (comme les tajines à l'agneau), gratinés avec de la viande (moussaka grecque) ou de la mozzarella (*parmigiana* italienne, p. 23).

L'aubergine sautée a un charme fou, elle développe des saveurs, une douceur et une texture qui rappellent les champignons. D'ailleurs, dans le sud de l'Italie, il existe un plat, le *melanzane al funghetto* (« aubergines comme des petits champignons ») dans lequel les aubergines sautées donnent l'illusion des cèpes.

Ce légume-fruit aime également le sucre et le miel : en Espagne, on déguste les *berenjenas con miel* (beignets d'aubergine nappés de miel) et en Italie les *melanzane al cioccolato* (aubergines farcies à la ricotta et au chocolat, une spécialité typique d'Amalfi).

> PROVENCE

CAVIAR D'AUBERGINES

Pour 4 personnes

- Préchauffez le four à 190 °C. Coupez en deux 4 aubergines violettes moyennes puis quadrillez la chair avec un couteau.
- Enfournez une demi-heure environ, jusqu'à ce que la chair devienne tendre. Récupérez-la et hachez-la grossièrement au couteau (ou au mixeur) avec une gousse d'ail dégermée et hachée.
- Salez, poivrez et ajoutez 4 c. à s. d'huile d'olive ainsi que le jus d'un demi-citron. Recouvrez de film alimentaire au contact jusqu'au moment de déguster.

COMMENT FAIRE DÉGORGER LES AUBERGINES

- Aujourd'hui, les aubergines ne sont plus aussi amères qu'autrefois et il n'est pas toujours nécessaire de les faire dégorger. Mais si vous devez faire griller ou frire vos tranches d'aubergines (avec de l'œuf et de la farine ou une panure), je vous conseille vivement de le faire. Ce procédé va permettre de déshydrater un peu le légume, qui cuira mieux par la suite et sera croustillant en surface.
- Pour faire dégorger les aubergines, il vous suffit de les saupoudrer de gros sel et de les laisser s'égoutter dans une passoire sous un poids pendant une heure. Il faudra ensuite les rincer et les essuyer soigneusement avant de les faire cuire.

ASSOCIATIONS IDÉALES

CLASSIQUES

Mijotée, avec d'autres légumes d'été ou des viandes : tomate, poivron, courgette, agneau, porc, veau.

En crème, avec des condiments : huile d'olive, vinaigre, câpres, olives, ail, pâte de sésame, mélasse de grenade.

Gratinée, avec des fromages : mozzarella, feta, chèvre, bleu.

Cuite à la vapeur ou servie en salade, avec des herbes fraîches et des épices : basilic, persil, coriandre, menthe, romarin, thym, piment, gingembre, cumin...

INSOLITES

Sautée, avec des cèpes.

En beignet, avec du miel et du sucre, ou une sauce au chocolat.

Roulée et farcie, avec de la pâte d'amandes.

Imam bayildi

⁂

Le nom de cette recette, qui signifie « l'imam évanoui », prête à sourire. La légende raconte que c'est la saveur exceptionnelle de ce plat qui aurait fait défaillir l'imam.

Il s'agit d'une entrée d'origine ottomane, dont la recette s'est répandue dans de nombreux pays du Moyen-Orient. Ce plat est traditionnellement dégusté froid, comme *mezzé*, mais j'aime le servir tiède, en accompagnement d'une viande ou comme plat unique, avec du fromage de brebis.

POUR 4 À 6 PERSONNES

PRÉPARATION : 15 MIN — CUISSON : 40 MIN

• 4 aubergines moyennes (ou 8 petites et longues) • 4 tomates moyennes (en grappe) • 1 oignon jaune • 1 gousse d'ail • 2 c. à s. de pignons de pin • 2 c. à s. de raisins secs • quelques feuilles de persil plat • 1 pincée de cumin • 1 pincée de cannelle • 3 c. à s. d'huile d'olive vierge extra • sel, poivre.

1 Préchauffez le four à 180 °C. Lavez les aubergines et coupez-les en deux dans le sens de la longueur. Incisez la chair en formant un quadrillage. Posez-les sur une plaque et laissez-les cuire une vingtaine de minutes, le temps qu'elles colorent et que la chair devienne tendre.

2 Pendant ce temps, émincez l'oignon et coupez l'ail en quatre. Lavez les tomates et coupez-les en dés. Faites revenir l'oignon et l'ail dans une casserole avec l'huile d'olive. Faites-les à peine colorer puis ajoutez les épices et mélangez. Ajoutez les tomates, salez et faites cuire à feu doux 10 minutes. Ajoutez les raisins et les pignons et faites cuire 10 minutes supplémentaires. Poivrez et ajoutez les quelques feuilles de persil ciselées.

3 Récupérez délicatement la chair des aubergines, coupez-la en dés et ajoutez-la à la préparation à la tomate. Remplissez les aubergines évidées avec la farce aux légumes et faites-les gratiner au four 5 minutes.

4 Servez tiède ou à température ambiante.

CONSEILS ET VARIANTES

• Vous pouvez préparer ce plat plusieurs heures à l'avance et le conserver à température ambiante recouvert de film alimentaire. Les arômes auront ainsi le temps de se développer.

• Il existe plusieurs recettes et façons de procéder. Parfois, on omet les raisins et les pignons, on ajoute un petit poivron vert dans chaque aubergine et on les laisse mijoter dans une casserole à feu doux.

Caponata sicilienne

La *caponata* est une de ces entrées somptueuses typiques de la Sicile. Un mélange subtil et gourmand de légumes d'été, aux saveurs aigres-douces, qui sont au cœur de la cuisine méditerranéenne. À l'origine, la *caponata* était un mets aristocratique qui contenait du poisson (du *capone*, le coryphène en français, d'où son nom). Il existe de multiples variantes familiales. Celle-ci s'inspire de celles des palais de Palerme.

POUR 6 PERSONNES

PRÉPARATION : 30 MIN – CUISSON : 20 MIN – REPOS : 2 H

• 1 kg de petites aubergines violettes (longues ou rondes) • 5 branches de céleri prises dans le cœur, avec les feuilles tendres • 2 gousses d'ail • 12 tomates cerises (ou 5 tomates en grappe bien mûres) • 100 g de grosses olives vertes • 80 g de pignons de pin • 80 g de raisins secs • 2 c. à s. de sucre • 1 c. à s. de câpres au sel (dessalées dans l'eau 30 min) • 1/3 de verre de vinaigre de vin rouge • huile de friture (arachide) • huile d'olive vierge extra • 15 feuilles de basilic • sel, poivre • tranches de pain de campagne au levain (pour servir).

1 Préparez la *caponata* au moins 2 heures à l'avance. Lavez, essuyez puis coupez les aubergines en dés. Lavez, séchez et coupez en dés les branches de céleri et ciselez les feuilles.

2 Faites chauffer le bain de friture dans une poêle profonde. L'huile doit être à 170 °C (si l'on jette un morceau de pain, de nombreuses petites bulles doivent se former). Faites frire les aubergines, par petites quantités, égouttez-les, déposez-les sur du papier absorbant et salez-les. Faites frire également la moitié du céleri.

3 Dans une poêle, faites revenir 2 c. à s. d'huile d'olive avec le reste de céleri et l'ail coupé en morceaux. Dès qu'ils colorent, ajoutez les tomates coupées en dés, les câpres, les olives, les pignons et les raisins. Ajoutez 1 c. à s. rase de sucre et laissez mijoter une dizaine de minutes. Ajoutez les aubergines, le céleri frit et quelques feuilles de basilic puis laissez cuire encore une dizaine de minutes.

4 Diluez 1 c. à s. de sucre dans le vinaigre et versez ce mélange sur les légumes. Éteignez le feu et ajoutez quelques feuilles de basilic. Salez, poivrez et laissez reposer la préparation à température ambiante au moins une heure.

5 Au moment de servir, faites griller des tranches de pain. Versez-y un filet d'huile d'olive et garnissez-les avec la *caponata* et quelques feuilles de basilic.

CONSEILS ET VARIANTES

Vous pouvez préparer la *caponata* la veille et la conserver au frais, couverte de film alimentaire. Sortez-la une heure avant de servir. Pour un résultat plus liquide, doublez la quantité de tomates.

Parmigiana d'aubergines

***

Le nom de cette recette pourrait prêter à confusion et faire penser au parmesan. En réalité, ce plat, composé de différentes couches, doit son nom à sa similitude avec les *parmigiane*, des volets constitués de lames de bois superposées, typiques du sud de l'Italie. C'est un plat familial absolument divin que je déguste depuis l'enfance. Il existe de nombreuses variantes plus ou moins riches. Ici, je vous livre la version napolitaine de ma grand-mère.

POUR 6 À 8 PERSONNES

PRÉPARATION : 20 MIN — CUISSON : 30 MIN — REPOS : 30 MIN

• 2 aubergines rondes ou 4 longues (800 g environ) • 800 g de sauce tomate en boîte ou de passata de tomates • 360 g de mozzarella de bufflonne bien égouttée • 60 g de pecorino râpé • 40 g de parmesan râpé • 3 œufs • 1 gousse d'ail • 1 dizaine de feuilles de basilic • huile d'olive vierge extra • huile de friture (arachide) • farine • sel fin, gros sel, poivre.

1 Faites rissoler la gousse d'ail entière dans 2 c. à s. d'huile d'olive ajoutez la sauce tomate, puis écrasez la gousse et salez. Laissez cuire 5 minutes puis baissez le feu, ajoutez 6 feuilles de basilic et laissez cuire 15 minutes à feu doux. Éteignez le feu, salez, poivrez et ajoutez quelques feuilles de basilic ciselées.

2 Préparez les aubergines : lavez-les, coupez-les en rondelles de ½ cm d'épaisseur. Posez-les sur une passoire en les superposant et en les saupoudrant de gros sel. Laissez-les dégorger 30 minutes, rincez-les et séchez-les.

3 Versez l'huile de friture dans une casserole, sur 10 cm de hauteur, et faites-la chauffer à 170 °C (si l'on y jette un morceau de pain, de petites bulles doivent se former).

4 Passez les tranches d'aubergines dans la farine puis dans les œufs battus. Égouttez-les soigneusement. Faites-les dorer dans l'huile 3 par 3 puis déposez-les sur du papier absorbant et salez-les.

5 Préchauffez le four à 190 °C. Coupez la mozzarella en tranches puis en dés.
Procédez au montage de la parmigiana dans cet ordre : un peu de sauce tomate, des aubergines frites, un peu de mozzarella éparpillée, une fine couche de pecorino et de parmesan mélangés. Pour un plat rectangulaire de 30 cm environ, il vous faudra monter 3 à 4 couches.

6 Finissez le montage avec la mozzarella et le fromage. Versez un filet d'huile et laissez cuire 15 minutes environ, le temps de faire gratiner la surface. Laissez tiédir et dégustez parsemé de feuilles de basilic.

CONSEILS ET VARIANTES

• Préparez ce plat la veille pour le lendemain, c'est bien meilleur réchauffé, car les saveurs ont le temps de se développer.
• La friture rend ce plat unique et très gourmand. Pour plus de légèreté, vous pouvez opter pour des aubergines grillées.

LA COURGETTE

Plus discrète que d'autres légumes d'été, la courgette sait se faire aimer à toutes les sauces. Mes péchés mignons sont les pâtes aux courgettes sautées et les précieuses fleurs de courgettes farcies.

Saisonnalité et variétés

Bien qu'elle soit disponible toute l'année, mieux vaut privilégier la courgette l'été, de juin à octobre. Choisissez-la petite, lisse et ferme : elle ne sera pas aqueuse ni cotonneuse, et aura peu de pépins.

Pour les consommer crues (en salade) ou à peine cuites : privilégiez des petits courgettes de Nice vert clair ou des jaunes (Golden rush), beaucoup plus douces que celles vert foncé.
Pour les courgettes farcies : optez pour les courgettes rondes de Nice ou bien les longues vertes.
Pour les beignets de courgettes ou de fleurs de courgettes : choisissez de petites courgettes très jeunes ou des fleurs d'une fraîcheur irréprochable.

Une longue histoire

Ce légume fruit, qui fait partie de la grande famille des cucurbitacées, est originaire d'Amérique Centrale.
Avec la découverte du Nouveau Monde, Christophe Colomb la fit connaître en Europe, notamment aux classes sociales les plus humbles. Au XVIIIe siècle, les Italiens ont été les premiers à avoir l'idée de consommer les courgettes, des variétés de courges, cueillies bien avant maturité (donc plus fermes, moins aqueuses et plus savoureuses).
Au début du XXe siècle, la courgette (sous le nom de « courge d'été ») et ses fleurs font leur grande entrée dans la cuisine du sud de la France avant d'être adoptées par tout le pays.

Autour de la Méditerranée

La courgette est consommée très simplement en entrée : concassée comme *mezzé* libanais par exemple, frite et marinée au vinaigre comme en Italie (*scapece*).
Mais le mode de préparation le plus fréquent est la version farcie, comme dans les petits farcis niçois, les courgettes farcies au poulet servies avec un coulis de tomates en Tunisie ou encore les courgettes farcies au bœuf et au riz grecques ou libanaises.
Enfin, on ne peut faire l'impasse sur les merveilleuses fleurs de courgettes en beignet (Provence) ou bien farcies à la feta et à la menthe (Grèce) ou à la mozzarella et aux anchois (Italie).

Plein d'idées pour la cuisiner

> TUNISIE, MAROC

CARPACCIO DE COURGETTES MARINÉES

Pour 4 personnes

- Dans un bol, mélangez 3 c. à s. de jus de citron avec 6 c. à s. d'huile d'olive, un tout petit oignon nouveau émincé, une pincée de sel, de poivre et de ras el-hanout. Retirez les extrémités de 400 g de petites courgettes claires puis émincez-les très finement. Assaisonnez-les avec le mélange précédent.
- Laissez mariner 10 minutes et servez avec quelques feuilles de coriandre fraîche et des pignons de pin grillés.

> ITALIE

PÂTES AUX COURGETTES, MENTHE ET BASILIC

Pour 4 personnes

- Portez une grande casserole d'eau à ébullition. Lavez 300 g de courgettes bien fermes, retirez les extrémités et coupez-les en dés.
- Faites-les sauter à la poêle avec 4 c. à s. d'huile d'olive et une gousse d'ail coupée en deux. Baissez le feu, salez, ajoutez une petite louche d'eau et laissez cuire encore 8 minutes environ. Éteignez le feu, poivrez et ajoutez 6 feuilles de basilic et 4 feuilles de menthe ciselées.
- Salez l'eau des pâtes et faites-y cuire 380 g de linguine en mélangeant de temps à autre. Égouttez les pâtes en gardant un peu d'eau de cuisson puis ajoutez-les dans la poêle avec les courgettes. Ajoutez l'eau de cuisson réservée, mélangez et servez bien chaud avec du parmesan ou du pecorino.

ASSOCIATIONS IDÉALES

CLASSIQUES

Sautée ou mijotée, avec d'autres légumes d'été : tomates, poivrons, aubergines.

Cuite et servie en salade, avec de nombreux assaisonnements (huile d'olive, vinaigre, câpres, olives, ail ou bien pâte de sésame ou encore mélasse de grenade...), des herbes ou des épices (basilic, persil, coriandre, menthe, romarin, thym, piment, ras el-hanout...).

En accompagnement de fromages : mozzarella, feta, bleu, parmesan, *manchego*.

Farcie de viande ou de poisson : agneau, veau, volaille, bœuf, cabillaud, anchois, sardines, maquereaux.

En gratin, avec des fruits secs : amandes, pignons, noix, noisettes.

INSOLITES

Râpée, dans la pâte d'un gâteau au chocolat.

Soupe froide de courgettes, mozzarella et thon

❊ ❊ ❊

Cette soupe froide, douce et légère, est toujours bienvenue en début de repas. La courgette se marie à merveille avec des saveurs laiteuses, comme celle de la mozzarella, ou des produits de la mer, comme le thon ou la poutargue. J'ai réuni dans cette soupe des ingrédients incontournables italiens, notamment le thon, la mozzarella et la tomate, que l'on trouve habituellement dans les sandwichs et les salades de l'été.

POUR 4 PERSONNES

PRÉPARATION : 20 MIN – RÉFRIGÉRATION : 1 H

• 4 courgettes moyennes claires et bien fermes • 200 g de mozzarella de bufflonne (si possible artisanale) • 150 g de filet de thon à l'huile d'olive vierge extra (en bocal) • 8 tomates cerises • 4 c. à s. de pecorino ou de parmesan râpé • 1 gousse d'ail frais • 8 feuilles de menthe • huile d'olive vierge extra • sel.

1 Coupez l'ail en 4 morceaux. Lavez les courgettes, retirez les extrémités et coupez-les en rondelles. Faites rissoler l'ail dans une casserole avec 3 c. à s. d'huile d'olive. Dès qu'il colore à peine, ajoutez les courgettes et laissez cuire 2 minutes. Baissez le feu, couvrez d'eau, salez et ajoutez 4 feuilles de menthe. Portez à frémissement pendant 5 minutes.

2 Mixez la préparation avec le pecorino ou le parmesan puis mixez à nouveau avec 6 glaçons. Rectifiez l'assaisonnement et réservez au frais au moins une heure.

3 Quelques instants avant de servir, coupez la mozzarella en demi-tranches et les tomates en deux. Versez la soupe dans des bols, répartissez le thon, la mozzarella et les tomates, ajoutez une feuille de menthe et un filet d'huile d'olive dans chaque bol et servez bien frais.

VARIANTES

• Vous pouvez servir ces soupes avec de la ricotta, du *brocciu* ou du chèvre frais à la place de la mozzarella, ou bien remplacer la menthe par du basilic.
• Si vous souhaitez une saveur plus typée, vous pouvez remplacer le thon par quelques copeaux de poutargue ou des chips de jambon (p. 123).

Courgettes farcies à la brandade

Les courgettes rondes de Nice, si jolies et si douces, sont un petit bijou. Avec leur forme rebondie, elles ne demandent qu'à être farcies ! Pour un plat typiquement provençal, j'ai opté pour la brandade de morue. On obtient ainsi un contraste superbe entre le végétal un peu croquant de la courgette et cette crème de poisson si savoureuse !

POUR 4 PERSONNES

PRÉPARATION : 30 MIN — CUISSON : 1 H

• 10 courgettes rondes de Nice bien fermes • 500 g de morue (dessalée pendant 24 à 48 heures dans plusieurs bains d'eau froide) • 3 pommes de terre moyennes (bintje, monalisa...) • 12 cl d'huile d'olive vierge extra • 3 gousses d'ail • 4 c. à s. de lait ou de crème (facultatif) • 2 feuilles de laurier • 1 branche de thym frais • quelques feuilles de persil ciselées • sel, poivre.

1 Épluchez les pommes de terre, coupez-les en deux et plongez-les dans une casserole d'eau froide avec le laurier et les gousses d'ail entières. Portez à ébullition et faites cuire une vingtaine de minutes.

2 Pendant ce temps, mettez la morue dans une casserole d'eau froide avec le thym. Portez à frémissement puis éteignez et laissez reposer 15 minutes.

3 Égouttez séparément la morue et les pommes de terre. Écrasez ces dernières au presse-purée avec la pulpe des gousses d'ail. Émiettez le poisson avec une fourchette.

4 Préchauffez le four à 200 °C. Faites chauffer l'huile dans une casserole puis ajoutez la morue et mélangez à feu doux pendant 5 minutes. Incorporez les pommes de terre et le lait ou la crème. Mélangez à l'aide d'un fouet pendant quelques minutes afin de faire monter la préparation. Éteignez le feu, ajoutez le persil ciselé, salez et poivrez.

5 Lavez et essuyez les courgettes. Coupez leur chapeau (gardez-le) et évidez-les à l'aide d'une petite cuillère en conservant ½ cm d'épaisseur (utilisez la chair dans une autre préparation). Garnissez les courgettes de brandade. Posez les courgettes farcies sur une plaque recouverte de papier cuisson, déposez les chapeaux à côté et faites gratiner 15 minutes. Servez chaud ou tiède.

CONSEILS ET VARIANTES

• Si vous ne trouvez pas de morue salée ou si vous manquez de temps, vous pouvez la remplacer par un dos de cabillaud.

• Vous pouvez aromatiser la brandade avec des olives, du jus et des zestes de citron ou encore d'autres herbes…

• La brandade est originaire de Nîmes. La version traditionnelle se compose uniquement de morue et d'huile d'olive. Elle s'est ensuite répandue dans toute la Provence, avec plusieurs variantes, avec ou sans pommes de terre.

LE POIS CHICHE

S'il y a un produit qui a voyagé et qui relie affectueusement toutes les cuisines de Méditerranée, c'est bien le pois chiche. Humble, mais apprécié sous toutes ses formes, le pois chiche est toujours mon compagnon en cuisine, de l'entrée... au dessert !

Bien choisir les pois chiches

Même si au Liban et en Turquie, les pois chiches sont dégustés frais en période de récolte (l'été), ils sont généralement utilisés secs.
Achetez les pois chiches secs dans une épicerie bien achalandée (épicerie de produits orientaux, étal du marché, magasin bio…), cela vous garantira un produit pas trop vieux. Au-delà d'un an, les pois chiches restent durs, même après cuisson, et perdent leur saveur.

Faire cuire les pois chiches

Faites-les tremper 12 heures dans quatre fois leur volume d'eau (si elle est calcaire, ajoutez 1 c. à c. de bicarbonate alimentaire).
Ensuite, faites-les cuire dans une grande casserole d'eau non salée, à petits bouillons, en démarrant la cuisson à l'eau froide et en écumant régulièrement, pendant deux heures environ. Égouttez-les et assaisonnez-les encore tièdes.
Vous pouvez aromatiser l'eau avec une feuille de laurier ou une branche de romarin, par exemple.

Une longue histoire

Le pois chiche est cultivé dans le Bassin méditerranéen depuis le VIe siècle avant notre ère, plus exactement au Proche-Orient et en Turquie.
Bon marché et nourrissant, il a été longtemps privilégié par les classes les plus populaires.

Autour de la Méditerranée

Le pois chiche accompagne de très nombreux plats, que ce soient des soupes avec de la viande d'agneau, comme la *chorba* ou la *harira*, destinées à rompre le jeûne du ramadan, des salades (voir p. 34) ou des plats mijotés avec du chorizo, comme le *cocido* espagnol. On en fait des boulettes (les falafels) ou on le déguste sous forme de crème, le houmous (voir p. 31), dans les fameux *mezzé* libanais ou grecs.
La farine de pois chiche est utilisée pour préparer des galettes frites (comme la panisse marseillaise ou les *panelle* siciliennes) ou cuites au four (comme la *socca* niçoise, la *farinata* de Ligurie et la *cecina* toscane).
Le pois chiche entre aussi dans la composition de certains desserts : des dragées au Liban, les biscuits *montecaos* ou *ghribia* tunisiens, par exemple, et enfin des raviolis frits farcis de pois chiches et fruits secs typiques des Pouilles, en Italie.

> LIBAN, GRÈCE, TURQUIE

HOUMOUS

Pour 6 personnes

- Mixez 400 g de pois chiches cuits (soit 200 g de pois chiches secs, avant cuisson) avec un peu de leur eau, une gousse d'ail, 2 c. à s. de pâte de sésame (tahini), le jus de 2 petits citrons jaunes et 3 c. à s. d'huile d'olive jusqu'à obtenir une texture lisse. Salez, ajoutez une pincée de paprika.
- Servez aussitôt avec du pain grillé ou avec une viande. Ou bien recouvrez d'huile et de film alimentaire au contact et conservez au frais 4 jours maximum.

> LIBAN, CRÈTE

POIS CHICHES GRILLÉS AUX ÉPICES

Pour 4 à 6 personnes

- Préchauffez le four à 170 °C. À l'aide d'un torchon ou de papier absorbant, séchez très soigneusement 300 g de pois chiches cuits (soit 150 g avant cuisson). Répartissez-les sur une plaque recouverte de papier cuisson sans les superposer et enfournez 15 minutes, le temps qu'ils sèchent.
- Assaisonnez-les ensuite avec 4 c. à s. d'huile d'olive mélangée avec des herbes et épices de votre choix (origan, coriandre en poudre, ras el-hanout, piment d'Espelette), une gousse d'ail hachée et une grosse pincée de sel.
- Remettez au four 5 à 10 minutes environ, le temps qu'ils dorent et deviennent croustillants. Laissez refroidir et dégustez à l'apéritif.

ASSOCIATIONS IDÉALES

CLASSIQUES

Sautés ou en soupe, avec des légumes et légumineuses : tomates, aubergines, poivrons, carottes, ail, oignons, lentilles, petits pois.

Mélangés à des céréales : semoule, couscous, riz, pâtes.

Mijotés, avec de la viande : agneau, veau, poulet, saucisse, chorizo.

En salade, assaisonnés avec des herbes aromatiques et des épices : persil, menthe, basilic, thym, coriandre, sauge, romarin, origan, za'atar, gingembre, cumin.

INSOLITES

En salade, avec des fruits frais : orange, raisin, pomme, grenade.

Mijotés ou en soupe, avec des produits de la mer : anchois, maquereaux, crevettes, noix de Saint-Jacques, poulpe.

Pasta e ceci

⁂

Ce qui est fascinant, c'est que tout autour du Bassin méditerranéen, les soupes de pois chiches se comptent par centaines. Chacune a son identité et garde la trace de sa culture et de ses saveurs d'origine. On y trouve donc, selon les pays, des épices, des herbes, de la viande (comme la *harira* ou la *chorba*), du riz...

En Italie, comme vous vous en doutez, on y ajoute des pâtes ! La *pasta e ceci* est une soupe typique du centre du pays. Mon point de repère, simple et réconfortant, chaque fois que je rentre à Rome.

POUR 4 PERSONNES

PRÉPARATION : 10 MIN — CUISSON : 2 H ENVIRON — À PRÉPARER LA VEILLE

• 200 g de pois chiches secs de bonne qualité • 100 g de pâtes sèches courtes et plates (mafalde corte) ou longues (spaghetti) ou de pâtes fraîches (tagliatelles) coupées en morceaux • 2 gousses d'ail • 50 g de pancetta coupée en dés ou de lardons nature • 1 branche de romarin • 1 piment oiseau • parmesan rapé • huile d'olive vierge extra • sel.

1 La veille, mettez les pois chiches à tremper dans un saladier rempli d'eau (pour les rendre un peu plus digestes, vous pouvez ajouter 1 pincée de bicarbonate).

2 Le lendemain, faites revenir dans une grande casserole les gousses d'ail épluchées, 2 c. à s. d'huile d'olive, le piment et la pancetta (ou les lardons). Ajoutez les pois chiches égouttés, le romarin et couvrez d'eau froide. Laissez frémir, sans couvrir, pendant 2 heures environ, le temps que les pois chiches deviennent tendres. Si le liquide s'évapore trop, ajoutez un peu d'eau chaude à mi-cuisson. Salez.

3 Écrasez une partie des pois chiches avec une fourchette. Au moment de servir, portez la soupe à ébullition (ajoutez éventuellement un peu d'eau), plongez-y les pâtes et faites-les cuire le temps indiqué sur le paquet. Servez chaud ou tiède, avec un filet d'huile d'olive et du parmesan râpé.

CONSEILS ET VARIANTES

• Pour gagner du temps, vous pouvez utiliser de bons pois chiches déjà cuits en bocal. Dans ce cas, le plat sera très rapide à réaliser.
• Si vous souhaitez une version végétarienne, il suffit de remplacer la pancetta par quelques tomates cerises.
• Pour des variantes plus raffinées aux saveurs de la mer, supprimez la pancetta et ajoutez, en fin de cuisson, des palourdes sautées (avec leur jus de cuisson, mais sans leur coquille !) ; omettez les pâtes, passez la soupe au mixeur et servez avec des gambas, des saint-jacques ou du homard juste poêlé.

Salade de pois chiches, oignons, raisins et pignons

Cette salade de pois chiches aux saveurs un peu sucrées est presque addictive ! Elle est inspirée d'une des tapas servies au marché de la Boqueria, à Barcelone. Je la prépare depuis des années et elle a toujours autant de succès.

Dans cette salade, l'oignon, les raisins et les pignons apportent de la texture et de la douceur. Des ingrédients qui, avec l'incontournable pois chiche, constituent un fil rouge entre l'Italie, le Maghreb, la Grèce, le Liban...

POUR 4 PERSONNES

PRÉPARATION : 10 MIN — CUISSON : 20 MIN

• 400 g de pois chiches cuits (si vous les faites cuire, comptez 200 g de pois chiches secs, voir p. 30) • 2 gros oignons jaunes • 1 gousse d'ail • 40 g de pignons • 40 g de raisins secs • 1 c. à s. de vinaigre de vin rouge • huile d'olive vierge extra • sel, poivre.

1 Épluchez et émincez les oignons et l'ail. Dans une casserole, faites-les colorer dans 4 c. à s. d'huile d'olive. Baissez le feu et laissez cuire encore quelques minutes pour que les oignons s'attendrissent. Si besoin, ajoutez 2 c. à s. d'eau.

2 Ajoutez ensuite les pois chiches, les raisins et les pignons ainsi qu'une louche d'eau. Faites cuire à feu moyen, en mélangeant régulièrement pendant un quart d'heure environ. Salez, poivrez, ajoutez le vinaigre et un filet d'huile d'olive.

3 Servez tiède ou à température ambiante. Cette salade se conserve sans problème jusqu'au lendemain, couverte de film alimentaire.

CONSEILS ET VARIANTES

• Si vous aimez, vous pouvez remplacer le poivre par du piment d'Espelette, ajouter du persil, de la coriandre ciselée, des dés de céleri branche, ou même des dés d'espadon rapidement poêlés.
• Vous pouvez également modifier la salade en y ajoutant des bettes, des tomates fraîches, des tranches d'orange pelées à vif...

EL PAÍS
vida&artes
sociedad
Estados Unidos acorrala a las grasas 'trans'

LE POIVRON ET LE PIMENT

Ronds ou allongés, doux ou piquants, aux mille couleurs et parfums, le poivron et le piment sont les alliés de la cuisine du soleil. À l'instar de mes amis méditerranéens, je pourrais en manger tous les jours et à toutes les sauces.

Saisonnalité et variétés

Si, à l'origine, tous les poivrons sont verts, ils changent de couleur en mûrissant. Vous pourrez donc en trouver des rouges, des jaunes, des orange et même des violets ou des noirs, de juin à octobre.

Les poivrons rouges sont les plus sucrés, idéals à servir seuls, en salade ou en soupe. Les jaunes sont un peu moins doux, et enfin les verts ont une saveur plus corsée, végétale, avec une pointe d'amertume. Ces derniers tiennent mieux la cuisson et se prêtent bien à être farcis.

Pour les poivrons farcis : prenez des carrés ou des ronds comme le petit carré de Nice ou le *pimiento del piquillo*.

Pour les poivrons grillés : prenez de gros poivrons carrés et panachez différentes couleurs et variétés comme le rouge, l'orange California Wonder Orange, ou le noir.

Pour une salade ou des poivrons au vinaigre ou simplement sautés avec du sel : choisissez des poivrons doux, petits, longs et verts, comme le doux long des Landes ou ceux qui proviennent généralement de l'Espagne (de Guernica), ou du Maroc.

Une longue histoire

Le poivron, ou plutôt le piment, est originaire du Mexique. C'est l'une des premières plantes cultivées puisqu'il est connu depuis plus de 8 000 ans !

Associé à la cuisine du sud de l'Europe, le poivron n'a pourtant connu la Méditerranée qu'à la découverte du Nouveau Monde par Christophe Colomb, qui remarqua son utilisation par les autochtones dans le fameux *xocoatl*, ancêtre du chocolat. Ensuite, au XVIe siècle, ce sont les Espagnols et les Portugais qui diffusèrent cette plante en Europe.

Le poivron et le piment proviennent en fait d'une même plante, *Capsicum annuum*, mais leurs variétés et rôles diffèrent totalement puisque le premier est consommé comme un vrai légume, qui peut être très doux, et le second comme condiment doux (piment d'Espelette, paprika), ou très piquant.

Autour de la Méditerranée

Si l'on excepte certaines salades (salade niçoise, *horiatiki* grecque…) et le gaspacho andalou, le poivron est surtout consommé cuit. Il est notamment grillé dans les *antipasti* italiens (*peperoni marinati*) ou la *méchouia* tunisienne (voir p. 38), et parfois réduit en crème comme dans la *muhammara* (à base de poivrons, piments, noix et mélasse de grenade), que l'on retrouve en Syrie, en Turquie et en Géorgie.

Quant au piment, celui d'Espelette sert notamment à conserver le jambon à la place du poivre. D'autres variétés, comme celles de Calabre, sont utilisées pour aromatiser l'huile d'olive.

> PROVENCE, ITALIE, ESPAGNE, TURQUIE

POIVRONS RÔTIS ET MARINÉS

Pour 4 personnes

- Préchauffez le four à 180 °C. Posez 4 poivrons entiers (carrés) rouges ou de différentes couleurs sur une plaque recouverte de papier cuisson et faites-les griller pendant 30 minutes environ, en les retournant de temps en temps. La peau doit griller, brunir et se flétrir.
- Sortez-les du four et mettez-les dans un sachet ou une boîte en plastique. Laissez-les refroidir puis retirez la peau. Coupez les poivrons en lanières, placez-les dans un récipient et assaisonnez avec une gousse d'ail coupée en deux, du sel, des herbes et de l'huile d'olive. Recouvrez de film alimentaire au contact et laissez mariner pendant au moins 3 heures.
- Ces poivrons grillés pourront être servis en salade ou en accompagnement, avec des sardines, par exemple, ou servir de base pour réaliser une soupe glacée (p. 40).
- Pour aller plus vite, vous pouvez aussi simplement rôtir les poivrons sur la flamme ou au barbecue pour pouvoir retirer la peau ; dans ce cas, la chair sera presque crue.

> PROVENCE, ITALIE

PESTO ROUGE DE POIVRONS ET PIGNONS

Pour 4 personnes

- Passez au mixeur (ou écrasez au mortier) 1 gros poivron rouge grillé et mariné avec l'ail de la marinade, 20 g de parmesan râpé, 30 g de pignons ou de pistaches, 1 pincée de piment, 8 feuilles de basilic et 3 à 4 c. à s. d'huile d'olive afin d'obtenir une crème épaisse et encore un peu granuleuse.
- Servez sur du pain grillé, des pâtes (en diluant avec un peu de leur eau de cuisson) ou sur une pizza.

ASSOCIATIONS IDÉALES

CLASSIQUES

Le poivron mijoté ou rôti, avec d'autres légumes d'été : tomates, aubergines, courgettes, pommes de terre.

En salade, avec des olives, des câpres, du piment, du basilic, du persil, de la coriandre, de la menthe, du romarin.

Farci, sauté ou grillé, avec de la viande ou du poisson : poulet, porc, bœuf, agneau, lapin, lotte, sardines, maquereaux, thon.

Cuit au four, farci de fromages doux : à servir chaud s'il s'agit de mozzarella, de *brocciu* ou de parmesan, ou à température ambiante si la farce est à base de feta, par exemple.

INSOLITES

Cuit et mixé en crème ou en soupe, avec des fraises, des framboises, de la pomme verte.

Le piment se marie bien avec le melon, la mangue, la pêche et le chocolat.

Méchouia

⁂

La *méchouia* tunisienne (il en existe aussi des versions semblables en Algérie et au Maroc) est notre salade fétiche de l'été. Il s'agit d'une salade de poivrons et de tomates cuits doucement au four, qui se fait pratiquement toute seule et qui embaume la cuisine. Autre avantage : vous pouvez la préparer à l'avance et profiter ainsi de vos soirées estivales entre amis.

POUR 4 PERSONNES

PRÉPARATION : 15 MIN — CUISSON : 20 MIN — REPOS : 10 MIN

• 4 tomates en grappe • 1 gros poivron rouge • 1 gros poivron vert • 1 gros poivron jaune • 2 oignons jaunes moyens • 2 gousses d'ail • le jus d'1 citron jaune • huile d'olive vierge extra • 1 pincée de cumin • 1 pincée de piment en poudre (facultatif) • sel • olives noires • coriandre fraîche (facultatif).

1 Préchauffez le four à 200 °C. Lavez et essuyez les poivrons et les tomates, épluchez les oignons et coupez-les en deux. Disposez les légumes sur une plaque recouverte de papier cuisson, badigeonnez d'un peu d'huile et laissez griller pendant 20 minutes. Ajoutez l'ail en chemise et laissez cuire encore une dizaine de minutes, le temps que la peau des légumes noircisse et se flétrisse.

2 Sortez les légumes du four, enveloppez-les de papier aluminium ou placez-les dans une boîte hermétique et laissez refroidir.

3 Pelez les légumes et coupez-les en morceaux. Récupérez la pulpe des gousses d'ail et ne gardez que la partie claire des oignons. Versez le tout dans un saladier et assaisonnez avec l'huile d'olive, le citron, une pincée de cumin et de piment. Mélangez et réservez au frais avant de servir parsemé d'olives et de feuilles de coriandre.

VARIANTES

• Cette salade se conserve 24 heures au frais, recouverte de film alimentaire (jusqu'à 48 heures si elle est assaisonnée avec du vinaigre au lieu du citron).
• Vous pouvez ajouter des câpres, retirer le piment et les olives, ou encore ajouter des oranges pour donner une note de fraîcheur.
• Pour une salade plus complète et plus typée, ajoutez des anchois ou du thon.

Soupe glacée de poivrons et tomates, quenelles de ricotta au citron

✻ ✻ ✻

Il fait très chaud, le soleil brille, la lumière est presque aveuglante... À table, on a envie de couleur, de fraîcheur, et cette soupe presque entièrement composée de poivrons est plus que bienvenue ! La saveur des poivrons est contrebalancée par celle des tomates et discrètement adoucie par le côté laiteux de la ricotta. La touche finale du citron apporte encore plus de fraîcheur et de parfum...

POUR 4 PERSONNES

PRÉPARATION : 15 MIN — CUISSON : 40 MIN — REPOS ET RÉFRIGÉRATION : 1 H 10

• 150 g de ricotta de brebis, de brousse ou de chèvre frais • 4 poivrons rouges moyens (ou 3 gros) • 12 tomates cerises • 1 gousse d'ail nouveau • les feuilles de 2 tiges de menthe (ou de basilic frais) • le jus et le zeste d'1 citron jaune non traité • sel, poivre • huile d'olive vierge extra.

1 Préchauffez le four à 180 °C. Enveloppez les poivrons dans du papier aluminium ou du papier cuisson puis déposez-les sur une grille ou une plaque de cuisson. Faites-les cuire 30 à 40 minutes, le temps que la peau se flétrisse et se colore un peu. Retournez-les à mi-cuisson. Laissez-les refroidir dans leur papier ou dans une boîte en plastique. Pelez-les et éliminez les pépins.

2 Mixez les poivrons avec l'ail, les tomates, 1 c. à s. d'huile d'olive, 4 feuilles de menthe ou de basilic, le jus d'un demi-citron et quelques glaçons (ou de l'eau froide). Rectifiez la texture et l'assaisonnement selon votre goût. Couvrez de film alimentaire au contact et réservez au frais au moins une heure.

3 Mélangez la ricotta avec les zestes du demi-citron restant, salez et poivrez. Formez des quenelles à l'aide de deux cuillères à soupe et déposez-en une dans chaque assiette avec la soupe.

4 Servez bien frais, avec un filet de jus de citron, un filet d'huile d'olive et deux petites feuilles de menthe ou de basilic par personne.

CONSEILS ET VARIANTES

• Vous pouvez très bien faire cuire les poivrons la veille, puis les faire mariner dans de l'huile avec une gousse d'ail et les garder au frais, recouverts de film alimentaire. La soupe de base (sans les quenelles) se conserve 24 heures au frais, recouverte de film alimentaire.

• Pour un résultat plus doux, vous pouvez réaliser la même soupe avec des poivrons jaunes ou orange en omettant les tomates. Pour un goût plus corsé, servez la soupe avec un peu de pesto, des olives ou des morceaux de crottin de chèvre à la place de la ricotta.

LA TOMATE

Difficile d'imaginer la Méditerranée sans la tomate, ce légume fruit luisant, juteux et si séduisant ! Depuis toujours, je suis entourée de tomates de toutes formes, gorgées de soleil ou de conserves succulentes qui égayent mes hivers.

Saisonnalité et variétés

Légumes d'été par excellence, les meilleures tomates sont celles cultivées en plein champ mais en France elles ne représentent que 15 % de la production. À défaut, choisissez des variétés anciennes : des cornues des Andes, des olivettes de Provence ou des tomates cerises. Faites-les confire (voir page suivante) pour concentrer leur saveur.

Pour **les salades :** pourquoi ne pas concocter une salade multicolore en mélangeant des green zebra, des tomates ananas, des roses de Berne et des noires de Crimée ?

Pour les **tomates farcies :** choisissez des cœurs de bœuf ou des marmandes.

Pour **les sauces ou les conserves :** utilisez les tomates allongées de variété Roma (en boîte, on trouve parfois la variété San Marzano, délicieuse) ou même des tomates cerises.

Une longue histoire

Originaire d'Amérique latine (son nom est issu de l'inca *tomatl*), la tomate fut rapportée du Nouveau Monde par les conquistadors espagnols au XVe siècle.

D'abord regardée avec suspicion, car elle ressemblait à une plante vénéneuse, elle fut utilisée à des fins ornementales (d'où son nom italien, *pomodoro*, littéralement « pomme d'or »), médicinales ou même aphrodisiaques (la pomme d'amour). Ce n'est qu'au XVIIIe siècle qu'on commence à cuisiner la tomate, d'abord en Espagne puis en Italie, notamment à Naples. La tomate devient alors un légume très populaire, ce qui explique encore aujourd'hui cet attachement profond des Italiens pour les plats à base de tomate.

Autour de la Méditerranée

La tomate entre dans la composition d'innombrables salades d'été mais, on le sait moins, elle est aussi souvent associée au pain dans de nombreux plats rustiques : le *pan con tomate* espagnol (du pain grillé accompagné de tomates concassées), le gaspacho andalou (p. 45) ou la *pappa al pomodoro* toscane. Ce « plat du pauvre », une soupe épaisse composée de tomates, de pain toscan (sans sel) rassis, d'huile d'olive et de basilic, est un *primo piatto* toujours très apprécié en Italie.

> PROVENCE

SOUPE GLACÉE DE TOMATES CONFITES AU ROMARIN

Pour 4 personnes

- Préchauffez le four à 150 °C. Coupez en deux 500 g de tomates cerises. Posez-les sur une plaque recouverte de papier cuisson, saupoudrez d'une pincée de sel, de sucre et de quelques brins de romarin.
- Faites cuire une heure environ, jusqu'à ce que les tomates se flétrissent et diminuent de volume. À la sortie du four assaisonnez-les avec un peu d'huile d'olive et du romarin frais.
- Mixez ces tomates avec deux verres d'eau froide, salez et servez la soupe avec des glaçons.

> ITALIE

PASSATA MAISON (COULIS DE TOMATES)

(pour 50 cl environ)

- Lavez et séchez 1 kg de tomates allongées bien mûres. Coupez-les en deux, retirez l'eau et les pépins. Mettez la chair de tomates dans une casserole à fond épais et faites-les cuire à feu doux pendant 10 minutes jusqu'à ce que la chair se délite et que le jus épaississe. Passez au moulin à légumes, ajoutez 1 c. à c. de sel et quelques feuilles de basilic ciselées.
- Versez le coulis dans des bocaux ou des bouteilles stérilisées (pour cela, plongez les récipients dans de l'eau bien chaude puis laissez-les sécher dans le four à 120 °C pendant 10 minutes, avec leur couvercle). Fermez hermétiquement et retournez-les pour faire le vide.

ASSOCIATIONS IDÉALES

CLASSIQUES

En salade, avec des fromages frais ou des laitages : mozzarella fraîche ou fumée, mais aussi yaourt, feta, burrata, chèvre frais, ricotta...

En gratin ou en tarte, avec des fromages à pâte cuite ou plus affinés : comté, *manchego*, pecorino, parmesan.

Avec des herbes fraîches : basilic, persil, coriandre, thym...

Avec les autres légumes d'été : courgettes, poivrons, aubergines (dans les tians de légumes, la ratatouille, la *parmigiana* - p. 23).

INSOLITES

Même si la tomate est elle-même acidulée, elle a de grandes affinités avec des ingrédients acides comme le vinaigre et le citron, mais également avec des fruits tels que l'orange, la framboise ou la fraise (essayez dans un jus ou un gaspacho, par exemple).

Avec les épices : les graines de coriandre, la cardamome, la cannelle... et même avec la fleur d'oranger !

Gazpacho andaluz

Véritable emblème culinaire de l'Espagne, le gaspacho a vraiment sa raison d'être en été. Quand la température monte et que l'air est immobile, cette soupe froide et colorée vient à point nommé pour nous rafraîchir.

Il existe énormément de recettes de gaspacho (dont l'*ajo blanco*, p. 183), cette soupe frugale, composée de pain sec de la veille, trempé dans l'eau et agrémenté de légumes de saison, d'huile d'olive et de vinaigre.

POUR 4 PERSONNES

PRÉPARATION : 10 MIN — REPOS : AU MOINS 2 H

• 500 g de tomates en grappe bien mûres • 1 poivron rouge moyen ou 2 poivrons verts allongés • 3 oignons nouveaux (sans le vert) ou ½ oignon rouge • 3 tranches de pain de campagne • 1 concombre moyen • 1 petite gousse d'ail dégermée (ou 2 gousses d'ail nouveau) • vinaigre de Xérès • huile d'olive vierge extra • piment en poudre • sel.

1 Lavez et coupez les tomates et les oignons en gros morceaux. Lavez le poivron, retirez le pédoncule, la partie blanche et les graines et coupez-le en gros morceaux. Pelez le concombre et coupez-le en rondelles.

2 Mettez le pain dans un saladier, versez-y 5 c. à s. d'huile d'olive puis ajoutez tous les légumes (en réservant un peu de concombre et de poivrons pour servir), l'ail, les oignons, 2 c. à s. de vinaigre, une pincée de sel et de piment. Laissez reposer au moins une heure au frais (ou, mieux, toute une nuit).

3 Passez le tout au blender en ajoutant un peu d'eau afin d'obtenir une soupe un peu épaisse. Rectifiez l'assaisonnement et ajoutez encore de l'eau si vous souhaitez une consistance plus liquide.

4 Gardez au frais au moins une heure et servez avec des glaçons, un filet d'huile d'olive, parsemé de quelques dés de concombre et de poivron.

CONSEILS ET VARIANTES

• Le gaspacho traditionnel se prépare en pilant le tout graduellement dans un mortier, ce qui lui donne une texture très agréable.
• Pour obtenir une soupe plus lisse, passez-la au chinois.
• Vous pouvez servir le gaspacho avec des dés de melon (orange ou blanc), c'est très bon.
• Vous pouvez également modifier les proportions des ingrédients ou bien proposer des versions uniquement à base de tomates ou de poivrons.
• Vous pouvez réaliser un gaspacho vert en n'utilisant que des courgettes et du poivron vert.

Panzanella

Cette salade toscane de pain et de tomates existe depuis des siècles. Son origine est paysanne et peut-être aussi marine (on pense que les marins trempaient le pain dans de l'eau de mer). Le nom est formé des mots *pane* (« pain ») et *zanella* (« récipient creux »).

À l'origine, elle était composée uniquement de légumes du potager : herbes sauvages, oignons ou concombre. Ce n'est qu'après la découverte de la tomate que la *panzanella* s'est colorée de rouge.

POUR 6 PERSONNES

PRÉPARATION : 20 MIN — REPOS : 1 H

• 400 g de pain de campagne (ou au levain) rassis • 5 tomates moyennes bien mûres (cœur de bœuf) • 1 oignon rouge • 1 petit concombre • 4 petits filets d'anchois à l'huile d'olive (facultatif) • quelques olives noires à la grecque (facultatif) • quelques feuilles de basilic frais • quelques feuilles de roquette • huile d'olive vierge extra • vinaigre de vin • sel.

1 Faites tremper le pain dans de l'eau froide pendant 5 minutes environ. Quand il est ramolli, effritez-le grossièrement (ou conservez des petits morceaux si vous préférez) et placez-le dans un grand plat. Assaisonnez avec un peu de sel, 2 c. à s. d'huile d'olive et 1 c. à s. de vinaigre.

2 Ajoutez les tomates coupées en quartiers, le concombre coupé en gros dés, les anchois, les olives et enfin l'oignon pelé et émincé. Ajoutez des feuilles de basilic et de roquette puis laissez reposer une heure à température ambiante (19-20 °C) ou conservez la salade au frais, couverte de film alimentaire, pendant quelques heures.

3 Juste avant de servir, ajoutez 2 c. à s. d'huile d'olive supplémentaires et quelques feuilles de basilic.

CONSEILS ET VARIANTES

• La qualité du pain est essentielle. Il faut qu'il soit dense de manière à pouvoir absorber l'humidité et s'imprégner de toutes les saveurs sans s'émietter. En Toscane, on utilise un pain de campagne un peu rassis et sans sel (*sciapo*).

• Vous pouvez servir la *panzanella* en entrée mais également en accompagnement de viandes grillées par exemple, ou pour agrémenter une salade de pâtes.

Focaccia aux pommes de terre et tomates cerises

Si vous avez l'occasion d'aller dans les Pouilles (le talon de la botte italienne), vous trouverez dans la plupart des boulangeries une magnifique *focaccia* aux tomates cerises (et souvent aux olives). Particulièrement moelleuse grâce à la présence des pommes de terre dans la pâte, c'est une *focaccia* que j'affectionne particulièrement.

POUR 6 PERSONNES

PRÉPARATION : 20 MIN – CUISSON : 25 MIN – REPOS : 3 H

• 300 g de farine riche en gluten (T45, gruau...) + un peu pour le plan de travail • 150 g de semoule de blé dur très fine • 200 g de pommes de terre cuites, passées au moulin à légumes, encore tièdes • 5 g de levure de boulanger sèche (ou 15 g de levure fraîche) • 15 g de sel fin • 1 c. à c. de sucre • une dizaine de tomates cerises coupées en deux • huile d'olive vierge extra • fleur de sel • origan séché • thym frais • sel.

1 Mélangez la levure avec 5 cl d'eau tiède et laissez fermenter 15 minutes. Dans un saladier (ou dans la cuve du robot), mélangez la farine, la semoule, le sel, le sucre et une grosse pincée d'origan et de thym. Ajoutez la purée de pommes de terre puis la levure diluée et 2 c. à s. d'huile d'olive. Commencez à pétrir. Versez peu à peu 15 cl d'eau en attendant qu'elle soit absorbée avant d'en rajouter. La pâte sera molle et humide, c'est normal.

2 Pétrissez la pâte une dizaine de minutes jusqu'à ce qu'elle devienne bien souple, homogène et se détache presque des parois. Ajoutez un peu de farine si nécessaire.

3 Avec vos mains humides, formez une boule de pâte. Couvrez le saladier d'un linge humide ou de film alimentaire et faites lever la pâte pendant 2 heures environ, dans un endroit tiède à l'abri des courants d'air. La pâte doit doubler de volume.

4 Renversez la pâte sur un plan de travail fariné. Écrasez-la délicatement pour former un rectangle de 3 cm d'épaisseur et posez-la dans un moule tapissé de papier cuisson.

5 Enfoncez délicatement les demi-tomates dans la pâte (face coupée en dessous). Versez un peu d'huile d'olive et saupoudrez de fleur de sel et de thym. Faites lever encore une heure dans un endroit tiède.

6 Préchauffez le four à 210 °C. Enfournez la *focaccia* et faites-la cuire 20 à 25 minutes. La pâte doit lever, dorer et devenir croustillante sur le dessus. Huilez un peu la *focaccia* en fin de cuisson à l'aide d'un pinceau. Laissez à peine tiédir et servez.

CONSEIL

La présence des pommes de terre dans la pâte rend celle-ci un peu humide et molle lors du pétrissage. Il faudra donc la manipuler délicatement.

GRANITE
ARTIGIANALE DEL LOCALE
PRODUZIONE
BAM BAR
Caffè Mandorla
Pesca Ananas
Arancia Anguria
Limone Fichi
Fragola Melone

FRUITS

L'ABRICOT

L'AMANDE

LE CITRON

LA FIGUE

LA GRENADE

L'ORANGE

LA PÊCHE

LA PISTACHE

LE RAISIN

L'ABRICOT

Ce fruit doux, compagnon gourmand de l'amande dans bien des recettes, fait partie des plaisirs de l'été. Cru, cuit ou sec, l'abricot accompagne avec bonheur tous les mets sur lesquels souffle l'air tiède de la Méditerranée.

Saisonnalité et variétés

L'abricot a une saison assez courte qui s'étend de juin à juillet, voire jusqu'en août pour certaines variétés, comme le bergeron.
La production en France se concentre surtout en Provence, Languedoc-Roussillon et Rhône-Alpes.

Pour les salades de fruits : choisissez un abricot rouge du Roussillon, à la saveur douce et sucrée.
Pour les tartes, clafoutis, gratins : prenez l'orangered (Languedoc-Roussillon) et le bergeron.
Pour les confitures : utilisez l'orangé de Provence, à la couleur jaune orangé clair, à la chair fondante et parfumée.

Si vous souhaitez utiliser des abricots secs dans des cakes, *baklava* (p. 54) ou compotes de fruits, je vous conseille vivement de privilégier les abricots moelleux, fondants et humides, avec une saveur proche de celle de l'abricot frais.

Une longue histoire

Son nom botanique (*Prunus armeniaca*) évoque l'Arménie mais en réalité, comme la pêche, l'abricot est originaire de Chine, où il est symbole de connaissance. Au Moyen-Orient, on l'appelle aussi « lune des fidèles ». Il a été introduit en Perse et en Arménie grâce à la route des Indes. C'est Alexandre le Grand qui s'est chargé de le faire connaître. Oublié au Moyen Âge, sa large diffusion s'est faite grâce aux Arabes autour du IXe siècle. Nommé *praecoquus* par les Romains (« précoce » : c'est l'un des premiers arbres fruitiers à fleurir), il tient son nom du mot arabe *al-barqùq*.
Fruit rare, précieux et assez fragile, il est, depuis des siècles, surtout utilisé séché, pour des raisons de conservation et de transport.

Autour de la Méditerranée

Si en Europe, l'abricot est surtout consommé frais ou sous forme de confiture, au Maghreb et au Moyen-Orient, on le retrouve séché dans des plats salés, comme dans le traditionnel couscous ou le délicieux tajine marocain à l'agneau, oignons, cannelle et safran, ou bien dans des desserts, sur un *mouhalabieh* (p. 199) par exemple, ou dans la spécialité turque les « abricots du sultan » : des abricots secs farcis de crème fraîche (*kaymak*), pistaches ou noix.

> PROVENCE

ABRICOTS POCHÉS AU SIROP DE LAVANDE

Pour 4 personnes

- Portez à ébullition 50 cl d'eau avec 80 g de sucre et 2 c. à s. de miel de lavande.
- Éteignez le feu, ajoutez 1 c. à c. de fleurs de lavande séchées et laissez infuser 10 minutes. Filtrez.
- Chauffez à nouveau le sirop et plongez-y 8 abricots, lavés et dénoyautés.
- Laissez cuire à feu doux 5 minutes environ, le temps qu'ils s'attendrissent un peu. Réservez.
- Servez les abricots tièdes ou à température ambiante, arrosés de sirop.

> PROVENCE, ITALIE

SALADE D'ABRICOTS, FRUITS ROUGES, HUILE D'OLIVE ET BASILIC

Pour 4 personnes

- Lavez et dénoyautez 200 g d'abricots mûrs mais encore fermes puis coupez-les en quartiers.
- Lavez et coupez en quartiers 200 g de fraises (charlotte, ciflorette ou gariguette).
- Dans un saladier, mélangez les deux fruits puis ajoutez 100 g de groseilles.
- Assaisonnez avec 2 c. à s. de sucre glace, 1 c. à c. de jus de citron, 2 c. à s. d'huile d'olive et 4 feuilles de basilic ciselées. Mélangez et servez immédiatement.
- Vous pouvez accompagner cette salade de la crème au yaourt et chocolat blanc (p. 82).

ASSOCIATIONS IDÉALES

CLASSIQUES

Avec des viandes blanches mijotées ou rôties : poulet, veau, porc.

Dans une salade de fruits acidulés ou exotiques : framboises, fraises, groseilles, oranges, mangues, fruits de la passion, noix de coco.

Avec des épices : cannelle, cardamome, anis étoilé, cumin.

Avec des fromages : parmesan, chèvre.

Dans des gâteaux avec d'autres fruits secs : amandes, pistaches, pignons, pruneaux.

INSOLITES

Dans une mousse ou une crème, avec des marrons confits ou glacés.

Pochés dans un sirop de rose, lavande, basilic, romarin, thym, verveine...

Dans un gâteau au chocolat blanc ou noir.

Baklava aux abricots, amandes et pistaches

⁂

Le baklava est un de ces gâteaux traditionnels du Moyen-Orient, héritage de l'Empire ottoman, à haut pouvoir de séduction : des couches de pâte feuilletée d'une merveilleuse finesse qui protègent une farce gourmande aux fruits secs, le tout nappé d'un sirop sucré et parfumé… Ici, pour lui donner une note fruitée et moins sucrée, j'ai utilisé des abricots secs. Leur moelleux et leur légère acidité se marient parfaitement au croustillant de la pâte filo.

POUR 8 PERSONNES

PRÉPARATION : 20 MIN — CUISSON : 20 MIN — REPOS : 2 H

Pour le sirop • 20 cl d'eau • 80 g de sucre • 2 c. à s. de miel de citronnier • 2 c. à s. de jus de citron • 1 pincée de cannelle • 4 clous de girofle • 2 c. à s. d'eau de rose (ou d'eau de fleur d'oranger). **Pour le gâteau** • 160 g de beurre fondu • 140 g d'abricots moelleux (ou, à défaut, secs) • 60 g d'amandes mondées • 60 g de pistaches mondées • 12 feuilles de pâte filo.

1 Préchauffez le four à 190 °C. Préparez le sirop en portant à ébullition l'eau avec le sucre et le miel et laissez chauffer jusqu'à dissolution complète. Éteignez le feu, ajoutez le jus de citron, les épices, l'eau de rose ou de fleur d'oranger. Mélangez et réservez.

2 Mixez grossièrement les abricots, les amandes et les pistaches afin d'obtenir une sorte de pâte.

3 Coupez les feuilles de pâte filo à la même dimension que votre moule de cuisson. Prenez une feuille de pâte filo, en prenant soin de garder les autres sous un torchon humide (la pâte sèche très vite). Posez la première feuille au fond du moule et badigeonnez-la de beurre fondu à l'aide d'un pinceau. Procédez de même avec 5 autres feuilles. Étalez ensuite la farce sur toute la surface puis posez une autre feuille de pâte filo et badigeonnez-la de beurre fondu. Procédez ainsi avec les 5 feuilles restantes.

4 À l'aide d'un couteau bien affûté, découpez le tout en carrés ou en losanges.

5 Faites cuire au four une vingtaine de minutes. La surface doit dorer. Sortez le baklava du four et nappez avec le sirop refroidi, en prenant soin de bien recouvrir toute la surface du baklava.

6 Laissez-le s'imbiber de sirop et sécher à température ambiante quelques heures avant de servir.
Ce baklava se conserve plusieurs jours, à température ambiante, recouvert de film alimentaire.

CONSEILS ET VARIANTES

- En saison, remplacez les abricots moelleux par des abricots frais (80 g), le baklava sera plus léger.
- Vous pouvez remplacer les pistaches par des noix, ou n'utiliser que des amandes et pas d'abricots.

Vacherins aux abricots

Malgré son nom pas très élégant, le vacherin est de ces desserts français, frais et raffinés, qui se font aimer en toute saison. Ici, je l'ai habillé en robe provençale légère, en alliant les succulents abricots bergeron et une touche de miel de lavande.

POUR 6 À 8 PERSONNES

PRÉPARATION : 20 MIN – CUISSON : 2 H – RÉFRIGÉRATION : 3 H

Pour les meringues • 3 blancs d'œufs • 100 g de sucre semoule • 100 g de sucre glace. **Pour le sorbet aux abricots** • 500 g d'abricots bien mûrs mixés • 15 cl d'eau • 80 g de sucre • 30 g de miel de lavande ou de romarin. **Pour le dressage** • 200 g de crème fleurette bien froide à 30-35 % de mat. grasse • 1 c. à s. de sucre glace • framboises, abricots et feuilles de menthe.

1 Préparez les meringues (la veille ou quelques jours avant). Préchauffez le four à 100 °C. Fouettez les blancs à vitesse moyenne en incorporant la moitié du sucre. Lorsqu'ils commencent à devenir un peu fermes, ajoutez l'autre moitié du sucre. Continuez de fouetter pendant une dizaine de minutes jusqu'à ce qu'ils deviennent fermes, brillants, et forment un bec sur le fouet. Incorporez délicatement le sucre glace, en soulevant la préparation.

2 Sur une plaque recouverte de papier cuisson, formez 12 disques (ou 2 grands disques si vous souhaitez réaliser un gâteau unique) à l'aide d'une poche à douille. Faites-les cuire 2 heures environ, éteignez le four et laissez-les sécher sur la plaque toute la nuit.

3 Préparez le sorbet. Portez à ébullition l'eau avec le sucre puis ajoutez le miel. Mélangez. Refaites bouillir, juste le temps que tout soit fondu. Laissez tiédir et ajoutez la pulpe d'abricots. Laissez reposer 1 heure au réfrigérateur et passez en sorbetière.

4 Montez le vacherin. Tapissez de film alimentaire 6 cercles ronds (ou bien un grand moule rond ou un cercle à entremets de 20 cm de diamètre et 8 cm de hauteur). Disposez au fond un disque de meringue, garnissez-le du sorbet encore un peu mou et recouvrez avec l'autre disque. Couvrez de film alimentaire et placez au congélateur au moins 2 heures.

4 Fouettez la crème fleurette bien froide à petite vitesse puis à vitesse moyenne. Ajoutez le sucre glace. Elle doit devenir ferme mais rester légèrement mousseuse. Recouvrez de film alimentaire et réservez au réfrigérateur. Au moment de servir, démoulez les vacherins puis servez-les avec la crème Chantilly, les fruits et la menthe.

CONSEILS

Le secret d'une crème Chantilly réussie est la matière grasse (minimum 30 %) et le froid. Fouettez en augmentant la vitesse petit à petit. Vous pouvez préparer les meringues 2 à 3 jours à l'avance et les conserver dans une boîte, dans un endroit sec. Le vacherin non garni se conserve une semaine au congélateur.

L'AMANDE

***

Je pense que je pourrais mettre des amandes vraiment partout en cuisine. C'est si bon, doux, croquant... et elles me font tellement penser à l'histoire et au soleil de Méditerranée.

Saisonnalité, variétés et conservation

Les amandes sont cueillies en été, période à laquelle on peut en trouver des fraîches, à la saveur douce et laiteuse. Les amandes séchées sont disponibles toute l'année.
Il existe des dizaines de variétés d'amandes, les plus réputées et luxueuses sont les Valencia (Espagne), les Avola (Sicile et Tunisie) et l'amande de Provence (variété Aï, Ferragnès...).

Les amandes se gardent un an environ dans un endroit frais, sec et à l'abri de la lumière. Si elles sont mondées, effilées ou en poudre, mieux vaut les garder au réfrigérateur dans une boîte hermétique et les consommer assez rapidement (dans le mois qui suit), car elles ont tendance à rancir.

Une longue histoire

Originaire d'Asie, la culture de l'amande s'est répandue au Moyen-Orient, en Égypte (c'était un ingrédient royal), en Grèce puis à Rome (les Romains pensaient qu'elles étaient un antidote à l'excès de boisson). Ce sont les Arabes qui la diffusèrent en Espagne et en Sicile.
Ce fruit était consommé en grandes quantités, notamment au Moyen Âge, pour ses vertus nutritives, fortifiantes, médicinales et prétendument aphrodisiaques. Le lait d'amandes était largement utilisé en cuisine pendant la période du carême, puisque d'origine végétale.
Pendant des siècles, l'amande a symbolisé la richesse (elle était consommée à la cour) mais aussi la fertilité. C'est la raison pour laquelle on l'offrait, d'abord telle quelle, puis sous forme de dragées, aux jeunes mariés.

Autour de la Méditerranée

L'amande agrémente de nombreux plats salés, comme les tajines à l'agneau ou au poulet du Maghreb, la *pastilla* marocaine, la sauce *tarator* turque, la sauce *romesco* catalane ou bien l'*ajo blanco* (p. 183).

Dans le registre sucré, on retrouve le lait d'amandes (p. 59), la pâte d'amandes, les biscuits ou les mignardises aux amandes typiques de l'Afrique du Nord (cornes de gazelle, p. 62), de l'Espagne (*polvorones*), de la Grèce (*kourabiedes*), de l'Italie (*amaretti*) et du sud de la France (calissons d'Aix). Enfin, les amandes entrent dans la composition de friandises traditionnelles comme le nougat (Provence, Italie) ou le *turrón* de Jijona ou d'Alicante (Espagne) et les dragées.

Plein d'idées pour la cuisiner

> SICILE

PESTO DE TOMATES AUX AMANDES

Pour 4 personnes

- Lavez, essuyez et coupez en morceaux 450 g de tomates mûres (cerises, olivettes).
- Dans un mortier (ou au mixeur), écrasez une gousse d'ail avec une pincée de gros sel et 70 g d'amandes mondées.
- Ajoutez les feuilles d'un bouquet de basilic et continuez d'écraser en versant peu à peu 5 c. à s. d'huile d'olive vierge extra. Incorporez enfin les tomates et broyez jusqu'à obtenir une sauce un peu granuleuse et aqueuse.
- Utilisez ce pesto parfumé pour assaisonner des pâtes ou du couscous.

> MAROC, ALGÉRIE, TUNISIE, ESPAGNE

LAIT D'AMANDES

Pour 1 litre environ

- Plongez 220 g d'amandes entières de bonne qualité dans de l'eau bouillante pendant 30 secondes. Égouttez-les et pelez-les. Passez-les au mixeur avec 1 litre d'eau minérale, 80 g de sucre et 2 c. à s. rases de miel d'oranger. Versez dans un récipient et laissez infuser une nuit au frais.
- Le lendemain, filtrez la préparation dans un chinois recouvert de gaze. Refermez la gaze et pressez pour obtenir le maximum de jus. Gardez au frais avant de servir avec un glaçon ou de l'utiliser en pâtisserie (p. 95).

ASSOCIATIONS IDÉALES

CLASSIQUES

Grillées et concassées, en finition d'une salade de poivrons marinés, d'asperges tièdes, de tomates fraîches, d'un tajine de poulet ou d'agneau ou d'un poisson rôti.

Pilées avec de l'ail, du parmesan et des herbes fraîches (persil, basilic, coriandre…) dans un pesto.

En poudre, pour préparer la pâte d'amandes (p. 62) ou une crème d'amandes pour une tarte aux abricots, ou dans la pâte d'un cake au citron ou à l'orange.

Le lait d'amandes dans un riz au lait, une crème pâtissière ou une glace, servis avec des pêches, des figues ou des fruits rouges.

INSOLITES

En poudre, dans des biscuits parfumés à l'anis, à la cardamome, au café ou à la rose.

Grillées, en guise de chapelure de crevettes frites ou de filets de poisson.

Riz pilaf aux amandes et brochettes de poulet

La préparation du riz pilaf trouve ses racines en Méditerranée. Très répandu au Moyen-Orient, il consiste à faire revenir le riz avec de l'oignon et du beurre fondu ou de l'huile puis à le cuire dans de l'eau ou du bouillon afin qu'il absorbe graduellement le liquide et acquière une texture moelleuse. On peut ensuite l'agrémenter avec des fruits secs, de la viande, des légumineuses. Ici, j'ai opté pour les amandes qui apportent du croquant et je l'ai servi avec des brochettes de poulet à la harissa qui en font un plat complet.

POUR 4 PERSONNES

PRÉPARATION : 10 MIN — CUISSON : 25 MIN

• 320 g de blanc de poulet fermier • 240 g de riz rond (baldo) ou long (basmati) • 30 g de beurre fondu (ou de ghee) • 3 c. à s. d'amandes entières • 2 c. à s. de raisins secs • 1 c. à s. de harissa • ½ oignon jaune émincé • quelques feuilles de persil plat • 4 c. à s. d'huile d'olive vierge extra • sel, poivre.

1 Préchauffez le gril du four à 200 °C. Faites tremper les raisins dans un bol d'eau tiède.

2 Dans une casserole à fond épais, faites revenir l'oignon émincé avec le beurre puis ajoutez le riz. Couvrez d'eau, salez légèrement et faites frémir pendant 5 minutes. Ajoutez les raisins égouttés, couvrez et laissez cuire doucement encore 7 minutes en prenant soin de vérifier si la préparation nécessite encore un peu d'eau. Égrenez le riz avec une fourchette de temps en temps, ajoutez les amandes et vérifiez la cuisson. Éteignez le feu, salez, poivrez et couvrez.

3 Pendant ce temps, coupez le poulet en dés et badigeonnez-les avec la harissa diluée dans l'huile d'olive et agrémentée de quelques feuilles de persil. Enfilez les morceaux sur 8 petites brochettes (ou 4 grandes) placez-les sur une plaque recouverte de papier cuisson et enfournez 8 minutes environ (le temps que la viande cuise à cœur tout en restant tendre).

4 Servez le riz pilaf parsemé de persil avec les brochettes chaudes.

CONSEILS ET VARIANTES

• Selon les pays et les régions, le riz pilaf se fait avec du riz rond ou du riz long : choisissez-le en fonction de vos goûts personnels.
• Vous pouvez ajouter au riz du safran, des pois chiches cuits ou remplacer les raisins par 4 abricots moelleux coupés en dés.
• À la place de la harissa, vous pouvez assaisonner le poulet avec un mélange de yaourt et de *tahini* (pâte de sésame).

Cornes de gazelle

* * *

Connues sous différents noms, toujours poétiques, les cornes de gazelle sont répandues dans tout le Maghreb avec diverses variantes. Ce sont de petites mignardises raffinées farcies à la pâte d'amandes qui accompagnent gaiement le thé à la menthe. Ici, je me suis inspirée d'une recette marocaine, caractérisée par une pâte très fine et croustillante qui enveloppe la farce moelleuse.

POUR 22 PIÈCES

PRÉPARATION : 30 MIN — CUISSON : 20 MIN — REPOS : 10 H

Pour la pâte • 150 g de farine T45 + un peu pour le plan de travail • 7 cl d'eau • 1 c. à s. de beurre mou • 1 c. à s. d'eau de fleur d'oranger • 1 pincée de sel • huile. **Pour la farce** • 260 g de poudre d'amandes de bonne qualité • 180 g de sucre glace + un peu pour la finition • 1 c. à s. d'eau de fleur d'oranger • 1 pincée de cannelle en poudre • 1 c. à s. de beurre fondu ou d'huile. **Pour servir** • 3 c. à s. d'eau de fleur d'oranger • sucre glace.

1 Préparez la pâte. Dans un saladier, mélangez la farine avec l'eau, le sel, le beurre et la fleur d'oranger. Travaillez la pâte pendant 10 minutes jusqu'à ce qu'elle devienne souple, lisse et homogène. Couvrez de film alimentaire et réservez 2 heures au frais.

2 Pendant ce temps, préparez la farce de pâte d'amandes. Mélangez la poudre d'amandes avec tous les autres ingrédients et travaillez rapidement afin d'obtenir une pâte homogène. Couvrez de film alimentaire et conservez au frais avec l'autre pâte.

3 Sortez la pâte d'amandes, coupez-la en 22 tranches de 20 g. Roulez-les entre vos mains humides pour former de petits croissants.

4 Huilez la surface de la première pâte. Étalez-la délicatement en rectangle sur 2 mm d'épaisseur : elle devra devenir presque transparente (à la fin de l'opération, vous pourrez l'étirer à la main).

5 Divisez la pâte en sept longs rectangles. Déposez sur chacun d'entre eux, dans le sens de la longueur, trois petits croissants de pâte d'amandes. Rabattez la pâte par-dessus en prenant soin de la faire adhérer et de ne pas incorporer d'air. À l'aide d'une roulette dentelée, séparez les cornes de gazelle. Procédez de même avec le reste des ingrédients, en façonnant une dernière corne de gazelle avec les chutes de pâte (vous en aurez 22 en tout). Faites sécher les biscuits sur une plaque recouverte de papier cuisson au moins 8 heures.

6 Préchauffez le four à 170 °C. Piquez chaque corne de gazelle avec un cure-dent ou une épingle puis faites-les cuire 15 minutes, le temps qu'elles colorent à peine. Plongez-les, encore chaudes, dans un bol d'eau additionnée de 3 c. à s. de fleur d'oranger, puis enrobez-les de sucre glace.
Les cornes de gazelle se conservent plusieurs jours dans une boîte hermétique.

LE CITRON

⁂

Qu'y a-t-il de plus merveilleux que ce fruit jaune et acidulé aux mille vertus ? Tout lui sied : fruits, légumes, viande, poisson... Le citron plein de peps est mon soleil et ma lumière d'hiver.

Saisonnalité et variétés

Le citronnier fleurit deux à quatre fois dans l'année, c'est pourquoi le citron est disponible presque toute l'année. Mais c'est la récolte d'hiver qui est la meilleure (de décembre à mai). Choisissez des citrons fermes, lourds, avec un pédoncule encore vert et, si possible, non traités (pour pouvoir utiliser les zestes).

Il existe des variétés extrêmement parfumées mais dont la culture reste confidentielle : le citron de Menton (très doux) ou de Nice, le citron Costa d'Amalfi ou de Syracuse, en Sicile (tous deux IGP). Utilisez-les pour en faire une marmelade, des citrons confits ou du *limoncello*, par exemple.

Une longue histoire

Originaire de l'Asie du Sud, le citron était déjà consommé sous l'Empire romain. Ce sont les Arabes qui diffusèrent sa culture, d'abord en Perse, puis au travers du Bassin méditerranéen. En France, elle remonte au XVIIe siècle.

Sa culture s'est développée dans les régions au climat doux et ensoleillé, mais également selon les besoins, en particulier dans les ports. Les citrons étaient en effet les seuls fruits qui pouvaient supporter les voyages en bateau et, grâce à leur vitamine C, ils permettaient de lutter contre le scorbut.

Autour de la Méditerranée

Le citron accompagne toute la cuisine : des conserves, comme le citron confit au sel (p. 65), typique de l'Afrique du Nord, ou des zestes de citron confits (notamment dans le sud de la France, en Italie et en Espagne), aux limonades (répandues au Moyen-Orient et en Afrique du Nord), comme le *sherbet* (p. 200), jusqu'aux gâteaux et aux glaces (voir le *semifreddo*, p. 70).
Son zeste est très utilisé pour aromatiser des plats mijotés comme l'osso buco ou des boulettes, des viandes rôties comme le poulet à l'ail et au citron libanais, et enfin des liqueurs, notamment le fameux *limoncello* italien.
Si le citron est très doux, on le déguste parfois nature, en salade avec du sel : c'est le cas en Espagne, à Malaga, et en Italie, sur l'île de Procida, dans la baie de Naples.

Plein d'idées pour le cuisiner

> ITALIE

SAUCE SALMORIGLIO

Pour 4 personnes environ

- Écrasez (ou mixez) une gousse d'ail avec le jus d'un gros citron jaune, les feuilles d'un demi-bouquet de persil plat et 6 c. à s. d'huile d'olive vierge extra. Vous devez obtenir une sauce un peu grossière. Salez, poivrez et gardez au frais couvert maximum deux jours.
- Utilisez cette sauce pour accompagner du poisson, des légumes grillés ou assaisonner une salade.

> MAROC, TUNISIE

CITRONS CONFITS AU SEL

Pour un bocal

- Faites tremper pendant 24 heures 4 citrons non traités dans de l'eau froide en prenant soin de les retourner régulièrement.
- Essuyez-les, fendez les extrémités en croix avec un couteau. Saupoudrez ces fentes de 100 g de gros sel gris puis placez chaque citron dans un bocal préalablement stérilisé à l'eau bouillante. Ajoutez 4 c. à s. de gros sel et refermez chaque bocal.
- Conservez-les dans un endroit sec à l'abri de la lumière pendant au moins un mois avant de les consommer.

ASSOCIATIONS IDÉALES

CLASSIQUES

En touche finale (zeste et jus), sur des légumes mijotés ou rôtis (tomates, fenouils, poivrons) ou sur des fromages frais (mozzarella, ricotta, burrata).

En jus, comme condiment de viande rôtie ou mijotée (poulet, canard, veau, agneau), ou pour assaisonner des salades de fruits rouges, à noyau ou exotiques.

Utilisez également le jus pour faire mariner des poissons ou des fruits de mer crus : sardines, bar, saint-jacques, crevettes, thon.

INSOLITES

Le zeste, dans une ganache au chocolat blanc, noir ou au lait.

Le zeste et le jus, mélangés à des herbes fraîches ciselées (basilic, persil, coriandre, fenouil), à saupoudrer sur un gratin de légumes au fromage, des gnocchi ou des légumes grillés.

Risotto tout citron

⁂

Ce risotto léger, crémeux et délicat, est un hymne au citron sous toutes ses formes : en bouillon, en zeste, confit, et même alcoolisé ! Un risotto créatif, très italien, qui rend hommage à ce fruit emblématique des beaux jardins paisibles de la Méditerranée.
L'inspiration m'est venue en écoutant un chef napolitain parler de son risotto au citron (beaucoup plus complexe que celui-ci). J'ai alors fait des essais afin d'obtenir un risotto à la saveur presque pure, dans lequel on retrouve la subtile touche sucrée du citron confit, la saveur du *limoncello* et le parmesan, sans excès, pour ne pas masquer le parfum du citron. C'est un peu mon risotto coup de cœur, surtout quand il est accompagné de crustacés !

POUR 4 PERSONNES

PRÉPARATION : 15 MIN — CUISSON : 25 MIN

• 320 g de riz à risotto (carnaroli, arborio) • 50 g de parmesan râpé • 40 g de citron confit sucré • 5 citrons jaunes non traités • 3 oignons nouveaux (sans le vert) ou un blanc de poireau • ½ petit verre de *limoncello* (ou, à défaut, de vin blanc sec) • 3 c. à s. d'huile d'olive vierge extra • thym • sel, poivre.

1 Préparez le bouillon de citron. Prélevez les zestes de 4 citrons (sans la partie blanche) et plongez-les dans un litre d'eau. Portez à ébullition puis laissez frémir 10 minutes. Salez et filtrez.

2 Faites revenir les oignons émincés dans l'huile d'olive. Ajoutez le riz, et dès qu'il devient nacré, presque translucide, incorporez le *limoncello*. Laissez évaporer puis versez une louche de bouillon de citron bien chaud. Mélangez régulièrement avec une cuillère en bois et faites cuire le riz en incorporant le bouillon, une louche après l'autre, en prenant soin de n'en rajouter que quand la louche précédente a été absorbée. Il faudra en tout 17 à 20 minutes de cuisson.

3 Au bout de 10 minutes, ajoutez un tiers du parmesan et mélangez. Cinq minutes avant la fin de la cuisson, ajoutez un deuxième tiers de parmesan, le citron confit coupé en dés et salez.

4 Quelques minutes plus tard, ajoutez le reste de parmesan, ainsi que les zestes du bouillon de citron et le zeste frais du citron restant. Le riz est cuit quand il est très crémeux, moelleux, mais encore à peine ferme à cœur.

5 Éteignez le feu, rectifiez l'assaisonnement et servez bien chaud parsemé de thym.

CONSEILS

• Le secret pour réussir le risotto est d'utiliser un riz adapté et d'ajouter le bouillon chaud petit à petit, en mélangeant régulièrement.
• Ce risotto accompagne à merveille des crevettes, des fruits de mer ou un rouget barbet grillé, par exemple.

Tajine de kefta de sardines au citron confit

Si vous cherchez un plat simple, léger et raffiné qui vous fasse voyager jusqu'au Maroc, le voici : un tajine de *kefta* (les fameuses boulettes), non pas de viande, mais de sardines, magnifié par la saveur incontournable du citron confit au sel. Les boulettes de sardines (et de poisson en général), répandues en Méditerranée, de la Grèce à la Sicile en passant par le Maghreb, ont été une grande révélation pour moi. Une façon différente, légère, délicate et ludique de déguster le poisson.

POUR 4 PERSONNES

PRÉPARATION : 30 MIN — CUISSON : 30 MIN

Pour les boulettes de sardines • 600 g de filets de sardines (sans la nageoire dorsale) • 1 gousse d'ail hachée • 1 c. à s. de riz long • le zeste d'1 citron jaune non traité • 2 c. à s. de coriandre ciselée • 1 pincée de coriandre en poudre • 1 pincée de cumin • 1 pincée de paprika • sel, poivre. **Pour la garniture** • 2 pommes de terre moyennes • 2 carottes moyennes • 2 oignons jaunes • 2 tomates moyennes (olivettes) • 2 petits citrons confits au sel • les feuilles d' ½ bouquet de coriandre • les feuilles d'1/2 bouquet de persil plat • 1 c. à c. de ras el-hanout • 3 c. à s. d'huile d'olive vierge extra.

1 Rincez soigneusement les filets de sardines de manière à retirer toutes les écailles. Essuyez-les puis écrasez-les au mortier ou hachez-les au couteau de manière à obtenir une pâte grossière (on peut aussi les mixer très rapidement).

2 Ajoutez l'ail, le riz, le zeste de citron, la coriandre ciselée, les épices, le sel et le poivre. Mélangez, puis à l'aide de vos mains humides, formez des boulettes de la grosseur d'une noix.

3 Faites revenir dans le fond d'un tajine (ou, à défaut, dans une grande casserole à fond épais avec couvercle) les oignons émincés et le ras el-hanout avec l'huile d'olive. Quand ils commencent à colorer, ajoutez les pommes de terre et les carottes, épluchées et coupées en gros dés ou en tranches. Couvrez d'eau juste à hauteur et faites cuire 5 minutes à petits bouillons.

4 Ajoutez les herbes ciselées et les tomates coupées en dés. Déposez par-dessus les boulettes de sardines en les enfonçant un peu dans la sauce. Salez, poivrez, couvrez le tajine et faites cuire 15 minutes environ. Ajoutez les citrons confits coupés en dés et faites cuire encore 5 à 10 minutes, sans mélanger mais simplement en arrosant les boulettes.
Servez bien chaud avec quelques feuilles de coriandre fraîche et un filet d'huile d'olive.

Semifreddo au citron et limoncello

Dans tous les pays du soleil, un dessert frais, léger et fruité est toujours bienvenu. Et en Italie, comme vous savez, on voue un culte aux *gelati*, sorbets ou *semifreddi*. Le *semifreddo* (littéralement : « à demi-froid ») est un parfait glacé, c'est-à-dire une crème à base d'œufs, à laquelle on a ajouté de la crème fouettée, aromatisée selon les goûts (fruits, alcools, chocolat). Il se fait presque tout seul, est élégant à présenter et ne nécessite pas de sorbetière.

Ce *semifreddo* est le fruit de nombreux essais pour obtenir le résultat souhaité. Le zeste de citron, le citron confit et le *limoncello* exaltent la fraîcheur magnifique de ce fruit.

POUR 6 PERSONNES

PRÉPARATION : 20 MIN – CUISSON : 10 MIN – CONGÉLATION : 5 H

• 30 cl de crème fleurette très froide • 150 g de sucre • 8 cl de *limoncello* • 40 g de citron confit sucré (artisanal de préférence) coupé en dés • 5 jaunes d'œufs extra-frais • 3 blancs d'œufs • 3 citrons non traités (zeste et jus).

1 Mélangez la crème avec 30 g de sucre et 2 cl de *limoncello*. Fouettez-la d'abord à petite puis à moyenne vitesse jusqu'à ce qu'elle devienne mousseuse, presque ferme. Recouvrez de film alimentaire et réservez au frais.

2 Faites tremper le citron confit dans 3 cl de *limoncello*.

3 Mélangez le reste de sucre (120 g) avec les zestes des citrons puis mettez-les dans une casserole à fond épais. Ajoutez le reste du *limoncello* (3 cl), le jus des citrons et les jaunes d'œufs.

4 Placez la casserole sur feu très doux (ou au bain-marie) et commencez à fouetter de manière à ce que la crème prenne du volume, blanchisse et devienne mousseuse (il faudra environ 5 minutes). Éteignez le feu et continuez de fouetter encore un peu puis ajoutez le citron confit et le *limoncello*.

5 Fouettez les blancs en neige. Incorporez la crème fouettée au mélange jaunes d'œufs-citron puis incorporez délicatement les blancs d'œufs, en soulevant la préparation de manière à obtenir une crème mousseuse et homogène.

6 Versez dans un moule à cake de 30 cm de long tapissé de film alimentaire ou dans des moules en silicone individuels. Faites prendre au congélateur au moins 5 heures. Démoulez 5 minutes avant de servir. Ce parfait glacé se conserve une dizaine de jours au congélateur.

CONSEILS ET VARIANTES

- Pour bien réussir votre crème fouettée, utilisez une crème contenant au moins 30 % de matière grasse et bien froide.
- Même s'ils donnent du peps, vous pouvez omettre les citrons confits.

LA FIGUE

Voici un fruit gorgé de soleil, dont la saveur douce peut nous accompagner tout l'hiver. C'est l'un des premiers fruits que je cueillais petite, dans le jardin ; j'adorais l'ouvrir pour découvrir ses mille trésors sucrés. Et l'été, encore aujourd'hui, je me délecte de voir ces figues qui sèchent au soleil, à perte de vue, dans le sud de l'Italie.

Saisonnalité et variétés

Selon les variétés, la figue est disponible de juin à octobre. Les plus précoces sont la goutte d'or de Carpentras (blanche, ou plutôt vert pâle) et la ronde de Bordeaux. D'autres variétés plus sucrées, comme la violette de Solliès, peuvent se déguster jusqu'en octobre.

Pour les salades salées (avec du chèvre ou du jambon, par exemple) : privilégiez des figues assez fermes et pas trop sucrées, généralement blanches.
Pour les confitures, tartes, gratins : utilisez plutôt des figues violettes, bien mûres et sucrées, comme celles de Solliès.
Enfin, si vous les utilisez **séchées**, mieux vaut prendre des figues de qualité, bien moelleuses.

Une longue histoire

Le figuier est un arbre rustique et sympathique, qui demande peu d'attention, aime le soleil et les climats un peu arides. Il est cultivé par l'homme depuis plus de 11 000 ans, d'abord en Palestine et en Égypte, puis dans tout le Bassin méditerranéen. Chez les Grecs, il était considéré un don de Dionysos.

Symbole d'abondance et de fécondité, la figue a connu un grand succès et a traversé les siècles et les continents grâce à la possibilité de la faire sécher… au soleil !

Autour de la Méditerranée

La figue est dégustée fraîche tout l'été (selon les variétés), mais elle est surtout cuisinée sèche. Il suffit de penser aux « capucins » ou nougat du pauvre, ces figues semi-séchées dans lesquelles on glisse une noix et qui font partie des treize desserts de Provence ; ou encore aux figues au sirop grecques, à la confiture libanaise à base de figues séchées et graines de sésame, et enfin aux *cuccidati* ou *buccellati*, ces biscuits siciliens fourrés avec une pâte de figue (p. 76), ou aux *makrouts*, biscuits de semoule typiques de l'Afrique du Nord, parfois fourrés avec ce fruit.

Plein d'idées pour la cuisiner

> PROVENCE

FIGUES RÔTIES AU VIN ROUGE ET AUX ÉPICES

Pour 4 personnes

- Préchauffez le four à 180 °C.
- Dans une casserole, faites chauffer pendant 5 minutes 25 cl de vin rouge avec 80 g de sucre, une pincée de cannelle, une pincée de clou de girofle fraîchement moulu, une pincée d'anis et le zeste d'un citron jaune non traité.
- Dans un plat à gratin, disposez 12 figues les unes à côté des autres et arrosez-les du vin aromatisé.
- Parsemez de quelques noix ou amandes et faites dorer au four 5 à 10 minutes. Servez chaud ou tiède avec une glace à la pistache (p. 100).

> GRÈCE

SALADE DE FIGUES, HALLOUMI GRILLÉ ET MENTHE

Pour 4 personnes

- Lavez soigneusement 8 figues blanches et coupez-les en deux. Dans un saladier, mélangez 100 g de roquette, 100 g de pousses d'épinards et 12 feuilles de menthe. Mélangez 4 c. à s. d'huile d'olive avec 2 c. à s. de mélasse de grenade (p. 79) ou de vinaigre de vin blanc.
- Coupez 200 g de halloumi (en épicerie fine ou orientale) en tranches de 1 cm d'épaisseur et faites-les griller sur chaque face dans 3 c. à s. d'huile d'olive, dans une poêle bien chaude. Le fromage doit dorer.
- Répartissez la salade dans 4 assiettes, posez dessus les figues et le halloumi et ajoutez la vinaigrette. Salez, poivrez et servez aussitôt.

ASSOCIATIONS IDÉALES

CLASSIQUES

Cuite ou crue, avec d'autres fruits frais ou secs : oranges, fraises, framboises, grenades, noix, amandes, pignons, noisettes.

Mijotée, avec les viandes blanches (poulet, veau, porc).

Crue, avec de la charcuterie ou des fromages : jambon cru, salami, bleu, chèvre, mozzarella, feta.

Dans des desserts ou en compote avec des épices : vanille, cannelle, gingembre, anis étoilé, clou de girofle.

En salade avec des herbes : basilic, persil, coriandre, menthe, romarin...

INSOLITES

En accompagnement d'un poisson blanc rôti au four (cabillaud, lotte).

En version séchée, enrobée de chocolat noir.

Rôti de porc aux figues fraîches et au romarin

⁂

J'ai imaginé cette recette, idéale pour un repas de famille, en pensant aux figuiers qui ploient sous les fruits en Provence. C'est un rôti tout simple auquel j'ai ajouté la note douce et juteuse des figues qui fait toute la différence.

POUR 4 À 6 PERSONNES

PRÉPARATION : 10 MIN – CUISSON : 1H10 ENVIRON – REPOS : 5 MIN

• 1 rôti de porc dans le filet, de 1 à 1,2 kg, si possible avec très peu de lard • 400 g de figues fraîches • 2 branches de romarin • 2 feuilles de laurier • huile d'olive vierge extra • sel, poivre.

1 Préchauffez le four à 210 °C. Glissez les branches de romarin sous la ficelle du rôti et insérez les feuilles de laurier sur le dessus. Salez et poivrez. Placez le rôti dans un plat à four ou sur une plaque recouverte de papier cuisson. Versez un filet d'huile d'olive et enfournez 15 minutes environ, le temps de faire dorer la viande. Baissez la température du four à 180 °C et laissez cuire encore 30 minutes, en arrosant de temps à autre.

2 Pendant ce temps, lavez les figues et coupez-les en quatre. Au bout de 45 minutes de cuisson du rôti, ajoutez 300 g de figues tout autour. Arrosez la viande et les figues avec le jus. Faites cuire 10 minutes puis retournez le rôti et prolongez la cuisson encore 15 minutes environ. La viande doit être dorée, et le jus doit être clair, mais pas rouge. Si vous avez un thermomètre de cuisson, la température à cœur doit être autour de 80-90 °C.

3 Laissez reposer le rôti quelques minutes, ôtez la ficelle et le laurier puis coupez la viande en tranches fines. Servez avec les figues cuites et le reste des figues fraîches.

CONSEILS ET VARIANTES

• Je vous conseille de bien vérifier la cuisson. L'essentiel est que la viande ne soit plus rouge et surtout que les figues caramélisent et épaississent un peu la sauce.
• Vous pouvez remplacer le porc par du veau ou même de la queue de lotte. Dans ce cas, le temps de cuisson sera bien plus court : 40 minutes environ.

Cuccidati

⁂

Ces gros biscuits fourrés (aussi appelés *buccellatini*), typiques de Noël en Sicile, concentrent à eux seuls toutes les merveilles de la Méditerranée : la semoule de blé dur qui apporte du croustillant, les figues séchées au soleil, les oranges parfumées confites au sucre, les amandes croquantes... C'est un gâteau généreux, gourmand, à la saveur d'antan comme je les aime, qui se conserve bien et qui peut constituer un joli cadeau gourmand.

POUR 6 PERSONNES

PRÉPARATION : 30 MIN — CUISSON : 10 MIN — REPOS : 4 H

Pour la pâte • 130 g de semoule de blé dur très fine + un peu pour le plan de travail • 120 g de farine T55 • 100 g de saindoux ou de beurre froid en morceaux • 10 cl de lait frais entier • 80 g de sucre • 1 c. à c. de bicarbonate alimentaire (ou de levure chimique) • sel. **Pour la farce** • 200 g de figues sèches • 40 g de cerneaux de noix • 40 g d'amandes • 30 g de raisins secs • 20 g de sucre • 20 g d'oranges confites (de préférence moelleuses) • 1 c. à s. de miel • 1 c. à c. de cacao • le zeste d'1 orange non traitée • 1 pincée de cannelle • 1 pincée de clou de girofle en poudre • 2 c. à s. de marsala (ou de rhum). **Pour le décor** • mini-billes de sucre multicolores.

1 Préparez la farce, de préférence la veille. Coupez les figues, les raisins et les oranges en tout petits dés. Concassez les amandes et les noix. Mélangez le tout, ajoutez le zeste d'orange, le sucre, les épices et le marsala. Incorporez le miel et le cacao afin d'obtenir une pâte de figue grossière et pas trop humide. Recouvrez de film alimentaire au contact et placez au réfrigérateur plusieurs heures, voire toute une nuit.

2 Préparez la pâte. Tamisez la farine avec le bicarbonate, ajoutez la semoule, le sucre, une pincée de sel et mélangez. Incorporez le beurre en morceaux afin d'obtenir un mélange sableux puis versez peu à peu le lait. La pâte doit être souple et homogène. Formez une boule, écrasez-la, enveloppez-la de film alimentaire et placez-la au frais 30 minutes.

3 Préchauffez le four à 190 °C. Sur un plan de travail fariné ou une feuille de papier cuisson, étalez la pâte en lui donnant la forme d'un long rectangle de 80 cm de long, 10 cm de large et 4 mm d'épaisseur. Répartissez la pâte de figue au centre, sur 5 cm de large et 2 cm d'épaisseur. Repliez les bords de la pâte vers le centre pour enfermer la farce en prenant soin de bien sceller la pâte.

4 Coupez le pâton en tronçons de 8 cm environ. À l'aide d'un couteau, formez 5 à 6 fentes parallèles sur chaque biscuit et écartez-les. Badigeonnez d'un peu de lait et parsemez de billes de sucre multicolores. Placez-les sur une plaque recouverte de papier cuisson et faites-les cuire 10 minutes environ. Laisser tiédir les biscuits sur une grille avant de les déguster.

5 Ces biscuits se conservent 2 semaines dans une boîte, à température ambiante.

LA GRENADE

Son rouge rubis intense, ses mille grains brillants qui éclatent en bouche et sa saveur acidulée font de la grenade un fruit magnifique, unique, qui me séduit depuis l'enfance.

Saisonnalité

La saison de la grenade va de septembre à décembre. Choisissez-la bien ferme, lourde et colorée.
Pour agrémenter les salades de légumes, de fruits et les dips de l'apéritif (comme le *labneh* p. 98, par exemple), utilisez les graines d'une grenade bien mûre.

Une longue histoire

La grenade est originaire du Moyen-Orient, probablement d'Iran ou d'Anatolie, même si on en a retrouvé les premières traces en Égypte, où elle était considérée comme un fruit des dieux.
Symbole de fertilité et de puissance dans la mythologie antique, elle représente aussi la bénédiction, la communauté et le sang dans les religions juive, chrétienne et musulmane.
Introduite par les Maures, notamment en Espagne (elle a donné son nom à la ville éponyme d'Andalousie), la grenade s'est répandue dans tout le Bassin méditerranéen non seulement pour des usages culinaires mais également pour ses vertus médicinales et son pouvoir colorant. En effet, on utilisait son jus pour colorer les tapis, par exemple.

Autour de la Méditerranée

Dans toute la Méditerranée, la grenade est surtout consommée crue, par exemple dans les salades salées ou sucrées, dont la salade de pommes, poires, dattes, pêches, figues et miel, qui remonterait au temps d'Homère et qui est préparée notamment par la communauté juive.

On la retrouve également sous forme de condiment, la mélasse de grenade (p. 79), dans la célèbre salade libanaise *fattoush* (composée de laitue, tomate, concombre, menthe, persil et pain arabe), dans des *mezzé* à base de légumes frits, comme les courgettes, ou dans la salade de foies de volaille, typique de la Turquie et du Liban. Enfin, la mélasse entre dans la composition de la crème de poivron turque, la *muhammara*, et du *kisir*, la version turque du célèbre *tabbouleh*, servie sur des feuilles de vigne.

Plein d'idées pour la cuisiner

> LIBAN, TURQUIE

LIMONADE À LA GRENADE

Pour 4 personnes

- Portez à ébullition 30 cl d'eau de source avec 130 g de sucre.
- Éteignez le feu puis ajoutez 30 cl d'eau pétillante, 15 cl de jus de grenade (fraîchement pressé ou acheté) et 6 cl de jus de citron fraîchement pressé.
- Laissez reposer 2 heures au réfrigérateur et servez frais avec des tranches de citron et quelques grains de grenade.

> LIBAN

MÉLASSE DE GRENADE MAISON

Pour 25 cl environ

- Coupez en deux 7 grenades bien mûres et pressez-les comme des oranges pour obtenir 50 cl de jus. Faites-le chauffer avec 1 c. à c. de jus de citron et 1 c. à c. de sucre.
- Laissez le jus réduire à feu doux pendant au moins 15 minutes, jusqu'à ce qu'il devienne dense et sirupeux (il doit napper le dos de la cuillère).
- Versez-le dans une bouteille bien propre. Conservez la mélasse de grenade au frais (une semaine maximum) et utilisez-la comme condiment.
- Avec sa saveur aigre-douce, la mélasse de grenade peut remplacer le vinaigre ou le citron dans les assaisonnements. Vous pouvez l'utiliser dans les caviars de légumes (aubergines, poivrons...) ou pour faire mariner de la viande avant de la griller au barbecue.

ASSOCIATIONS IDÉALES

CLASSIQUES

Fraîche ou sous forme de mélasse, avec des crèmes ou des légumes marinés : tomates, poivrons, courgettes, épinards, choux...

Sous forme de jus ou de graines, en assaisonnement de volailles rôties (poulet, pintade, canard...).

Fraîche avec des salades de céréales : riz, blé, couscous, boulgour, épeautre.

En salade, avec d'autres fruits frais : pommes, poires, oranges, dattes, abricots...

INSOLITES

En salade, avec des fromages frais tels que : mozzarella, feta, chèvre, brousse, ou même du yaourt.

Sous forme de mélasse, dans un cocktail de champagne et de jus d'orange.

Salade de tomates à la grenade

⁂

Cette salade est inspirée d'une salade turque que l'on sert comme *mezzé*. Associer ces deux ingrédients aux couleurs flamboyantes dans une salade est une superbe idée ! C'est le mariage réussi de la fraîcheur et de l'acidulé, sans oublier ce condiment magique qu'est la mélasse de grenade. N'oubliez pas non plus le sumac, si vous en trouvez : son parfum fait toute la différence. Cette salade s'accorde à merveille avec une viande ou un poisson grillé.

POUR 4 PERSONNES

PRÉPARATION : 10 MIN

• 6 tomates mûres et fermes (en grappes, roma ou cœur de bœuf) • 6 c. à s. huile d'olive vierge extra • 3 c. à s. de mélasse de grenade (voir p. 79) ou, à défaut, de vinaigre balsamique • les grains d' ½ grenade bien mûre et ferme • 1 pincée de sumac ou de coriandre en poudre • 1 pincée d'origan • 1 pincée de piment d'Espelette • sel.

1 Lavez et essuyez les tomates. Coupez-les en tranches et disposez-les dans des assiettes.

2 Mélangez l'huile avec la mélasse de grenade.

3 Parsemez la salade de grains de grenade, salez et versez l'assaisonnement à la mélasse. Ajoutez les épices et l'origan. Servez aussitôt.

VARIANTES

Vous pouvez enrichir cette salade de concombre, d'oignon rouge émincé, de tranches d'aubergines grillées…

Crèmes au yaourt, cardamome et grenade

Ces petites crèmes soyeuses nous font voyager jusqu'au Liban, grâce à la légèreté infinie du yaourt et au parfum de la cardamome, le tout agrémenté de la touche fraîche et acidulée de la grenade. Le chocolat blanc apporte encore plus de gourmandise.

C'est un dessert vraiment minute et léger, qui deviendra votre recette fétiche pour régaler vos convives en un rien de temps.

POUR 4 À 6 PERSONNES

PRÉPARATION : 10 MIN — RÉFRIGÉRATION : 3 H

• 280 g de yaourt de brebis ou de yaourt à la grecque • 100 g de chocolat blanc pâtissier (de couverture, si possible) • les graines de 4 gousses de cardamome verte ou ½ c. à c. de cardamome en poudre • les grains d'½ grenade bien rouge et ferme.

1 Broyez les graines de cardamome avec un mortier ou un moulin à épices (ou à café) de manière à obtenir une poudre grossière.

2 Concassez le chocolat au couteau ou au mixeur et ajoutez la cardamome. Faites fondre le tout au bain-marie.

3 Éteignez le feu et ajoutez le yaourt dans la casserole. Mélangez vigoureusement afin d'obtenir une crème homogène.

4 Versez la crème dans des pots de yaourt en verre ou des verrines et placez-les 3 heures au frais.

5 Au moment de servir, répartissez quelques grains de grenade sur chaque pot de crème.

CONSEILS ET VARIANTES

• Ces crèmes minute peuvent très bien se préparer la veille. Conservez-les au frais, bien recouvertes de film alimentaire et ajoutez les grains de grenade au dernier moment.

• Le chocolat blanc apporte de la texture, du liant et de la douceur : vous n'aurez besoin d'ajouter aucun autre ingrédient. Je vous conseille d'utiliser du chocolat de couverture, plus riche en beurre de cacao et moins sucré. On en trouve dans les épiceries fines ou sur Internet.

• Vous pouvez varier les épices, remplacer la cardamome par de l'eau de rose, par exemple, ou même ajouter un peu de café moulu. Ces crèmes sont aussi très bonnes avec d'autres fruits d'été, rouges ou à noyau.

L'ORANGE

L'orange a pour moi le parfum de la Méditerranée. C'est l'agrume acidulé et coloré que l'on retrouve partout, presque toute l'année, et qui apporte son nectar frais à tous les mets, des salades aux desserts. À moins qu'elle ne vous fasse plutôt penser à l'hiver ou à Noël ?

Saisonnalité et variétés

Pour les salades : préférez des sanguines (les moro siciliennes ou les maltaises), de décembre à avril.
Pour les crèmes, jus, sirops : choisissez des navel (juteuses et sans pépins), d'octobre jusqu'en juin.
Pour les sauces ou les conserves : utilisez des oranges amères (bigarades) ou maltaises.
Si vous avez besoin du zeste, utilisez toujours des oranges non traitées.

Une longue histoire

Originaire de Chine, l'orange amère (fruit du bigaradier) semble être arrivée en Méditerranée par les routes de la soie. Ce fruit faisait d'ailleurs déjà partie de la mythologie grecque : la dot d'Héra, épouse de Jupiter, consistait en quelques orangers, les fameuses pommes d'or du jardin des Hespérides, symboles d'amour et de fertilité.

Ce n'est qu'au temps des croisades que les Perses, puis les Arabes, firent connaître l'orange amère de l'Égypte jusqu'en Sicile, où elle trouva sa terre d'élection. De là, elle se serait diffusée dans le sud de l'Europe.
L'orange douce, celle que nous consommons aujourd'hui, n'est arrivée jusqu'à nous qu'au XVIe siècle, grâce aux marchands génois et portugais qui contribuèrent à sa diffusion dans le reste de l'Europe.

Utilisée d'abord comme plante ornementale (d'où les magnifiques orangeries où elle était cultivée), l'orange est longtemps restée au nord de l'Europe un fruit rare, synonyme de richesse, que l'on offrait à Noël aux enfants.

Autour de la Méditerranée

L'orange entre dans la composition de beaucoup de salades salées (comme en Espagne ou en Sicile, voir p. 86) ou sucrées à base de cannelle, amandes et dattes.
C'est un produit phare également dans les plats salés de viande et bien sûr dans d'innombrables desserts méditerranéens, dont le sorbet à l'orange et à la menthe libanais, très proche de celui aux agrumes proposé p. 200.

POUDRE D'ÉCORCE D'ORANGE

Pour un pot environ

- À l'aide d'un couteau économe, prélevez l'écorce (sans le blanc) d'1 kg d'oranges. Étalez-les sur une plaque de cuisson recouverte de papier cuisson et faites-les sécher à 100 °C pendant 1 à 2 heures environ : elles doivent devenir sèches et croustillantes.
- Mixez-les pour les réduire en poudre. Vous pouvez aussi les faire sécher plus longtemps dans un récipient placé sur un radiateur.
- Cette poudre d'orange fait merveille sur une viande grillée, du poisson, une ganache au chocolat...

> ESPAGNE

CRÈME CATALANE À L'ORANGE

Pour 4 personnes

- Faites chauffer 50 cl de lait frais entier avec le zeste d'1 orange non traitée, 2 bâtons de cannelle et 4 clous de girofle.
- Mélangez un œuf entier et 2 jaunes avec 80 g de sucre et le zeste d'une demi-orange non traitée. Ajoutez 20 g de fécule de maïs.
- Filtrez le lait et versez-le sur la préparation précédente tout en mélangeant. Remettez le tout dans la casserole et faites frémir sans cesser de remuer jusqu'à ce que la crème épaississe (elle doit napper la cuillère).
- Déposer au fond de 4 ramequins 1 c. à c. de marmelade d'orange et versez y la crème sur 3 cm d'épaisseur environ. Réservez au frais au moins 2 heures.
- Juste avant de servir, saupoudrez les crèmes de cassonade et passez-les sous le gril du four (ou au chalumeau) pour faire caraméliser la surface.

ASSOCIATIONS IDÉALES

CLASSIQUES

En salade salée ou en soupe, avec le fenouil, l'oignon frais, l'asperge, les olives, le potiron, le chou-fleur, les herbes fraîches (basilic, persil, coriandre, menthe, fenouil sauvage, thym, cardamome, coriandre) et certaines épices (cumin, cannelle).

En salade sucrée, avec les autres agrumes mais aussi les pêches, les fraises, les framboises, les dattes, les figues et les épices (cannelle, clou de girofle, gingembre).

En assaisonnement : ajoutez le jus et le zeste d'orange lors de la cuisson de viandes rôties ou mijotées (bœuf, porc, volailles) ; ou bien au dernier moment, sur du poisson grillé ou poêlé (filets de rouget, de sardine, bar ou dorade).

En dessert (mousse ou gâteau) avec le chocolat noir, blanc ou au lait.

INSOLITES

Avec le café, dans les crèmes ou les gâteaux.

Salade d'oranges sanguines, olives et oignon nouveau

⁂

Tout me plaît dans cette salade d'oranges ! Ses couleurs, sa fraîcheur, son côté juteux et légèrement sucré qui contraste avec le goût corsé de l'oignon et des olives, mais aussi ses origines humbles. En effet, cette salade sicilienne était la « salade du pauvre », préparée avec ce que l'on avait sous la main... Et pourtant, elle est si raffinée !
On retrouve d'ailleurs de nombreuses salades d'oranges, en général plutôt sucrées, en Espagne ou au Maroc, par exemple.

POUR 4 PERSONNES

PRÉPARATION : 10 MIN

• 6 à 7 oranges sanguines assez grosses (ou un mélange de navel et de sanguines) • 20 olives noires ou vertes dénoyautées de bonne qualité • 1 oignon nouveau (sans le vert) ou ½ petit oignon rouge • quelques feuilles de persil ou de menthe, ou des graines de fenouil • huile d'olive vierge extra • sel, poivre.

1 Pelez les oranges à vif, en retirant la peau et la partie blanche en même temps. Récupérez le jus qui s'écoule pendant cette opération.

2 Coupez-les en tranches puis assaisonnez-les avec leur jus, du sel, du poivre et un filet d'huile d'olive. Ajoutez les olives et l'oignon émincé.

3 Servez immédiatement ou laissez reposer au frais (pas plus d'une heure) avant de servir.

CONSEILS ET VARIANTES

• Les oranges peuvent également être coupées en dés : dans ce cas, la salade sera plus juteuse mais aura un peu moins de texture.
• Vous pouvez servir cette salade en entrée ou en accompagnement d'un rôti de porc, par exemple.
• Vous pouvez également panacher des oranges et des clémentines. Il existe aussi des versions avec du cédrat frais et, en Campanie, avec du citron (mais il faut qu'il soit très doux).
• Un autre grand classique consiste à ajouter du fenouil cru finement émincé.

Truffes aux amandes, orange et café

⁂

Ces mignardises siciliennes, prêtes en quelques minutes, ont quelque chose de magique. Est-ce le moelleux de la pâte d'amande ou la superbe alliance du café et de l'orange ? Comme nombre de friandises traditionnelles, ces petites bouchées sont nées dans les couvents. Elles étaient préparées en période de fête et vendues aux familles plus aisées. On retrouve en Grèce de petits gâteaux similaires, aux mandarines mais sans café, les *bianketi*.

POUR UNE QUARANTAINE DE TRUFFES

PRÉPARATION : 20 MIN — REPOS : AU MOINS 2H

• 280 g de poudre d'amandes • 240 g de sucre semoule + un peu pour l'enrobage • ½ orange non traitée (avec la peau mais sans les pépins) • 1 petite tasse de café fort (expresso).

1 Mélangez la poudre d'amandes avec le sucre. Mixez l'orange (pulpe et écorce) avec le café de manière à obtenir une pâte homogène. Ajoutez-la au mélange de poudre d'amandes et de sucre et mélangez jusqu'à obtenir une sorte de pâte d'amande. Si elle est trop humide (cela dépend de la qualité de l'orange), rajoutez un peu de poudre d'amandes et de sucre.

2 Avec vos mains humides, formez des boules de la grosseur d'une noix et roulez-les dans du sucre semoule. Déposez ces truffes dans des caissettes en papier et laissez-les sécher à l'air libre au moins 2 heures, idéalement toute une nuit (cela va leur permettre de perdre de l'humidité et de former une petite croûte très agréable).

CONSEILS ET VARIANTES

• Ces mignardises se conservent 3 à 4 jours dans une boîte hermétique, à température ambiante.
• Vous pouvez remplacer l'orange par une clémentine. Si vous n'aimez pas le café, vous pouvez le remplacer par une liqueur d'agrumes ou du rhum.

LA PÊCHE

L'été, ma cuisine se remplit des paniers de pêches que mon père achète au marché, et dont le parfum embaume pendant deux mois. Ce fruit rond, duveteux ou lisse, qui adore le climat méditerranéen, est si frais et juteux, qu'il est une des raisons (parmi des centaines d'autres !) pour lesquelles j'aime cette saison magnifique.

Saisonnalité et variétés

La pêche est un fruit d'été disponible de juin à septembre. Le pêcher, dont il existe une centaine de variétés, donne naissance à deux types de fruit : à peau duveteuse (pêche au sens strict) ou à peau lisse (brugnon, nectarine…). Dans les deux cas, selon le type, le noyau peut être détaché ou adhérent. Dans chacune des catégories, on trouve des pêches à chair jaune, blanche ou sanguine.

Pour les salades sucrées : utilisez plutôt des pêches blanches (rondes ou plates) délicates et parfumées.
Pour les salades salées : optez plutôt pour des brugnons jaunes.
Pour les boissons : plongez des pêches, des brugnons jaunes ou même des pêches de vigne dans du vin rouge bien frais.
Pour les gâteaux, tartes ou gratins : panachez deux ou trois variétés de pêches ou nectarines pour varier les saveurs.
Pour les pêches au sirop : mieux vaut choisir des pêches ou des brugnons jaunes, bien fermes.

Une longue histoire

La pêche est originaire de Chine. Elle est arrivée chez nous par la route de la soie, d'abord en Perse (d'où le nom du pêcher *Prunus persica*), puis en Méditerranée grâce à Alexandre le Grand qui contribua à sa diffusion. Ce fruit est donc cultivé dans tout le Bassin méditerranéen depuis l'Antiquité.

Sa production en France ne devint importante qu'au XVIIe siècle. Le Roi-Soleil, très friand de ce fruit, en fit cultiver plus d'une trentaine de variétés à Versailles.
Aujourd'hui, c'est un des fruits les plus consommés en France en été.

Autour de la Méditerranée

Fraîche et juteuse, la pêche est surtout consommée crue à la fin du repas. Elle entre quelquefois dans la composition de boissons, comme le jus de pêches maison, ou se déguste marinée dans du vin rouge bien frais tant en Espagne (sangria, p. 91) qu'en Italie (*pesche al vino rosso*).

> ESPAGNE

SANGRIA PÉTILLANTE AUX PÊCHES

Pour 8 à 10 personnes

- Lavez et essuyez un citron et deux oranges non traités. Coupez-les en rondelles très fines et mettez-les dans un grand saladier.
- Lavez et coupez en tranches fines 2 pêches jaunes bien fermes. Déposez-les sur les agrumes. Saupoudrez de 80 g de sucre et mélangez.
- Versez dans le saladier 2 bouteilles de bon vin rouge espagnol assez jeune (1,5 litre) ainsi que 75 cl d'eau gazeuse et 3 c. à s. de Grand Marnier ou de Cointreau.
- Couvrez et laissez reposer au frais au moins 3 heures. Servez avec des glaçons.

> ITALIE, PROVENCE

SALADE DE PÊCHES AU JAMBON ET CHÈVRE FRAIS

Pour 4 personnes

- Mélangez 4 c. à s. d'huile d'olive avec 2 c. à s. de vinaigre balsamique. Lavez 2 poignées de roquette et 2 poignées de salade mélangée.
- Lavez et coupez en 6 tranches 2 nectarines (une blanche et une jaune).
- Répartissez dans 4 assiettes les salades et les quartiers de pêches, assaisonnez-les avec du sel, du poivre et le mélange huile-vinaigre puis ajoutez 4 demi-tranches très fines de jambon cru (Parme, bellota ou Bayonne).
- Ajoutez 30 g de chèvre frais par personne et servez aussitôt.

ASSOCIATIONS IDÉALES

CLASSIQUES

En salade ou en compote, avec d'autres fruits d'été ou exotiques : framboises, fraises, abricots, oranges, citrons, prunes, mangues, noix de coco.

En salade salée, avec de la roquette (ci-contre), de la frisée ou de la sucrine.

Crue, en accompagnement de fromages frais ou peu affinés : mozzarella, ricotta, manchego, feta.

Poêlées, avec de la viande rôtie (porc, poulet, canard) ou du jambon cru.

Dans les desserts, avec des fruits secs : amandes (et biscuits amaretti ou macarons), pistaches, pignons.

INSOLITES

En salade, avec des herbes fraîches : basilic, persil, coriandre, menthe, romarin, thym...

Crue, dans un tartare de poisson (dorade, bar ou cabillaud).

Pochée, dans un sirop à la rose, à la lavande ou à la fleur d'oranger.

En accompagnement de fromages bleus : fourme d'Ambert, gorgonzola.

Cake aux pêches et au sirop de romarin

C'est le cake d'été par excellence, quand on est à la recherche d'un dessert simple et fruité pour une soirée entre amis. Il vous suffit de cueillir un peu de romarin frais, d'utiliser les plus belles pêches du marché et de remplacer le beurre par du mascarpone pour donner une touche italienne et le tour est joué. Ce dernier va rendre le cake bien moelleux et un peu plus léger.

POUR 6 PERSONNES

PRÉPARATION : 20 MIN — CUISSON : 50 MIN

Pour le cake • 280 g de mascarpone • 220 g de farine • 40 g de poudre d'amandes • 4 œufs moyens • 180 g de sucre • 1 c. à c. de levure chimique • 1 brin de romarin • 2 pêches ou 2 brugnons mûrs • 1 pincée de sel.
Pour le sirop • 20 cl d'eau • 100 g de sucre • 1 brin de romarin frais.

1 Préchauffez le four à 160 °C. Tamisez la farine avec la poudre d'amandes, le sel et la levure.

2 Mélangez le mascarpone avec le sucre et le romarin émietté. Incorporez les œufs un à un puis ajoutez le mélange farine-amandes.

3 Lavez et dénoyautez les pêches puis coupez-les en tranches sans les peler (elles se tiendront mieux à la cuisson).

4 Versez la pâte dans un moule à cake en métal de 30 cm de long, beurré et fariné (ou tapissé de papier cuisson). Disposez les tranches de pêches sur le dessus et saupoudrez d'un peu de sucre. Faites cuire 45 minutes environ ; la pointe d'un couteau enfoncée dans la pâte, loin des fruits, doit ressortir presque sèche. Laissez tiédir le cake dans son moule, couché sur le côté (ainsi il ne se déformera pas).

5 Pendant ce temps, préparez le sirop : portez l'eau et le sucre à ébullition, ajoutez le brin de romarin, laissez bouillir 2 à 3 minutes puis éteignez le feu et laissez infuser 10 minutes. Retirez le romarin.

6 Démoulez le cake et versez dessus le sirop de romarin tiédi. Servez à température ambiante. Ce cake se conserve jusqu'au lendemain, recouvert de film alimentaire.

CONSEILS ET VARIANTES

• Ce cake est délicieux accompagné de crème pâtissière à la pêche (p. 95). N'omettez pas le sirop ! Outre le fait qu'il apporte une note sucrée et parfumée bien équilibrée, il permet aussi une meilleure conservation.
• Vous pouvez remplacer une partie des pêches par des abricots ou des prunes, et même ajouter quelques framboises.

Crème pâtissière à la pêche et au lait d'amandes

✻ ✻ ✻

J'ai imaginé cette recette en contemplant mon panier qui regorgeait de pêches, alors que je cherchais une crème toute simple comme dessert. Je suis donc partie de ma recette de crème pâtissière à base d'œufs entiers, héritée de ma grand-mère. J'ai remplacé une partie du lait par du lait d'amandes, très méditerranéen, et l'autre partie par de la pulpe de pêches. Le résultat est vraiment superbe, crémeux et fruité à souhait !

POUR 4 À 6 PERSONNES

PRÉPARATION : 10 MIN — CUISSON : 10 MIN — RÉFRIGÉRATION : 2 H

- 280 g de pulpe de pêches jaunes ou de brugnons bien mûrs (2 environ)
- 23 cl de lait d'amandes
- 80 g de sucre
- 2 œufs entiers moyens
- 30 g de fécule de maïs (1 c. à s. bombée)
- le jus et le zeste d'½ citron jaune non traité
- 1 pincée de sel.

1 Mixez la pulpe de pêche et ajoutez le jus de citron. Portez à ébullition le lait d'amandes avec le sel et le zeste de citron. Éteignez le feu et laissez infuser 5 minutes.

2 Fouettez les œufs avec le sucre puis ajoutez la fécule afin de lier la préparation. Portez à nouveau à ébullition le lait d'amandes, éteignez le feu puis ajoutez la pulpe de pêche. Versez la moitié du mélange sur les œufs et le sucre. Remettez le tout dans la casserole et portez à ébullition 1 minute, sans cesser de mélanger.

3 Versez la crème dans un récipient peu profond, recouvrez de film alimentaire au contact et mettez au réfrigérateur au moins 2 heures avant de servir.

CONSEILS ET VARIANTES

- Le fait d'utiliser des œufs entiers dans la crème (au lieu des jaunes seulement) va la rendre plus moelleuse, plus aérienne, mais aussi moins dense et moins marquée par leur saveur… ce qui nous convient parfaitement car dans cette recette, c'est le fruit qui est roi.
- Utilisez des fruits bien mûrs, sucrés et parfumés.
- Vous pouvez remplacer le lait d'amandes par du lait de riz ou même du lait de vache ; dans ces cas, augmentez un peu la quantité de sucre.

LA PISTACHE

Sa couleur magnifique, son croquant et sa saveur subtile font de la pistache un petit joyau en cuisine. Les pistaches se marient avec presque tout et donnent tout de suite un air de fête à tous vos plats.

Saisonnalité et variétés

Privilégiez les pistaches non salées, leur saveur est plus marquée.
Seuls certains pays de Méditerranée sont producteurs de ce magnifique fruit : la Turquie, l'Iran, la Syrie, la Grèce (Almyros et Égine) et l'Italie (Sicile).
Les pistaches siciliennes de Bronte (AOP), cueillies au pied de l'Etna et appelées aussi « l'or vert », sont parmi les meilleures.
Pour les plats salés (salades, viandes mijotées, pesto), optez pour des pistaches grecques ou iraniennes.
Pour les desserts, en particulier si vous devez utiliser de la pâte de pistache pure, choisissez des pistaches de Sicile.

Une longue histoire

La culture et la consommation des pistaches au Moyen-Orient (en Anatolie) remonteraient à l'époque préhistorique (plus de 7 000 ans av. J.-C.). Au Ier siècle, les Romains l'introduisirent en Europe mais ce n'est qu'au Xe siècle que les Maures diffusèrent sa culture, notamment en Sicile et en Espagne. Ce fruit apprécie particulièrement le climat méditerranéen, les zones chaudes et sèches.

Citées dans l'Ancien Testament, les pistaches ont toujours été considérées comme des fruits nobles, réservés aux rois : la reine de Saba interdisait même à ses sujets de les cultiver pour leur usage personnel. Les Grecs leur attribuaient des propriétés aphrodisiaques et médicinales, en particulier comme antivenin pour les morsures de serpent.

Autour de la Méditerranée

Les pistaches se consomment dans tout le Bassin méditerranéen, souvent sous forme de biscuits, comme les *bazarek* ou les *maamouls* libanais, de pâtisseries, comme les cornets aux amandes et pistaches algériens, ou encore les cigares ou le *baklava* grec (p. 54).
Elles entrent aussi dans la composition de desserts glacés, comme la glace à la pistache (p. 100) ou le granité, tous deux siciliens (p. 97), ou sont utilisées pour le décor d'entremets comme le *mouhalabieh* (p. 199) ou le riz au lait (Maghreb, Turquie, Liban).
On les consomme aussi simplement concassées sur des salades ou du riz pilaf.

> ITALIE

PESTO DE PISTACHES

Pour 4 personnes

- Dans un mortier (ou, à défaut, un mixeur), pilez 200 g de pistaches non salées et une pincée de gros sel. Versez peu à peu 7 c. à s. d'huile d'olive vierge extra et 1 à 2 c. à s. d'eau afin d'obtenir une pâte granuleuse.
- Réservez le pesto au frais, recouvert d'huile d'olive, avant de le servir à l'apéritif sur du pain grillé ou de l'utiliser pour assaisonner des pâtes, par exemple (pensez dans ce cas à le diluer avec un peu d'eau de cuisson).

> SICILE

GRANITÉ DE PISTACHES

Pour 6 personnes

Portez à ébullition 50 cl d'eau avec 90 g de sucre et 1 c. à s. de miel d'agrumes. Ajoutez 70 g de pâte de pistaches pure (non sucrée et, dans l'idéal, de Sicile). Mixez le tout pour obtenir une consistance homogène puis placez la préparation dans un bac en métal au congélateur. Grattez avec une fourchette toutes les heures jusqu'à ce qu'il se forme un granité avec des cristaux très fins.

PÂTE DE PISTACHES

Si vous ne trouvez pas de pâte de pistaches pure (évitez celle qui est sucrée et au goût d'amandes), vous pouvez la réaliser vous-même en mixant 100 g de pistaches (de Sicile, grecques ou d'Iran), préalablement torréfiées au four à 160 °C pendant 10 minutes, avec 1 c. à c. d'huile de pistache. Procédez par à-coups jusqu'à obtenir une pâte souple, presque fluide.

ASSOCIATIONS IDÉALES

CLASSIQUES

Grillées, sur une salade de pousses d'épinards, de fenouil, d'oranges ou d'aubergines grillées.

Sous forme de sauce, mixées avec de l'huile d'olive (comme un pesto), pour accompagner une salade de crudités, un rôti de veau ou de bœuf.

Mélangées avec du fromage de brebis et de la chapelure pour farcir de la viande.

Saupoudrée sur des filets de poisson pour les faire gratiner.

En finition, sur des boulettes de chèvre frais.

Sous forme de pâte dans une glace, une crème brûlée, un cake, une ganache au chocolat blanc, une crème pâtissière.

INSOLITES

Dans une tarte à la crème d'amandes, aromatisée à la pâte de pistache, avec des zestes d'orange ou de citron.

Concassées, dans des roulés de jambon blanc farcis de ricotta et d'un peu de gorgonzola.

Labneh aux pistaches et sumac

Le *labneh* est une préparation incontournable du Moyen-Orient, notamment du Liban, de la Turquie et de la Syrie. Il s'agit d'une sorte de fromage frais que l'on assaisonne selon ses envies. Il est généralement servi au petit déjeuner ou en guise de *mezzé*, mais aussi comme assaisonnement de nombreux plats et sandwichs.

POUR 6 PERSONNES

PRÉPARATION : 15 MIN – REPOS : 24 À 48 H

• 250 g de yaourt à la grecque nature • 250 g de yaourt de brebis nature • 160 g de pistaches non salées finement concassées • 1 pincée de poivre • 1 pincée de sumac • huile d'olive vierge extra • sel, poivre.

1 Préparez le *labneh* la veille ou l'avant-veille. Mélangez les 2 yaourts avec une grosse pincée de sel puis enfermez le tout dans une grande gaze stérile (ou plusieurs petites) et nouez-la pour la fermer. Attachez le paquet au manche d'une cuillère en bois et posez-la en travers d'un grand saladier.

2 Laissez le yaourt s'égoutter 24 à 48 heures au frais, selon la consistance voulue. Si vous souhaitez former des boules, laissez-le s'égoutter 48 heures.

3 Ouvrez la gaze, retirez le yaourt raffermi et assaisonnez-le avec le poivre et le sumac.

4 À l'aide de vos mains humides, formez des boulettes de la taille d'une grosse noix et passez-les dans les pistaches. Servez-les dans une assiette, arrosées d'huile d'olive.

CONSEILS ET VARIANTES

- La texture change en fonction de la durée d'égouttage : après 24 heures, vous obtiendrez une crème un peu épaisse, et après 48 heures, une sorte de fromage frais. Vous pouvez très bien présenter le *labneh* sous forme de crème, saupoudrée de pistaches, à tartiner sur du pain plat ou pita.
- Vous pouvez assaisonner le *labneh* avec d'autres épices, des herbes fraîches…
- Vous pouvez également opter pour une version sucrée avec du miel, de la cardamome et des amandes, par exemple. Dans ce cas, je vous conseille d'utiliser uniquement du yaourt au lait de vache, plus doux.
- Le *labneh* crémeux se garde 2 jours au frais, recouvert de film alimentaire.
- Pour le garder plus longtemps (une semaine), vous pouvez conserver les boulettes dans un pot, recouvertes d'huile d'olive.

Glace à la pistache

⁂

J'ai mis des années avant de réussir à confectionner la glace à la pistache de mes rêves, au vrai goût de pistache. Toutes mes tentatives ont été décevantes, jusqu'à ce que je déniche de la pâte de pistaches de Sicile pure, le vrai secret de la réussite.

POUR 8 PERSONNES

PRÉPARATION : 20 MIN — INFUSION ET REPOS : 4 H

• 45 cl de lait frais entier • 20 cl de crème fleurette • 3 jaunes d'œufs + 1 œuf entier • 120 g de sucre • 60 à 70 g de pâte de pistaches de Sicile pure • 40 g de pistaches entières non salées et non mondées • 1 c. à c. de miel d'agrumes • 1 pincée de fleur de sel.

1 Mélangez la crème avec la pâte de pistaches et laissez infuser 15 minutes. Ajoutez le lait et portez à ébullition avec le miel.

2 Mélangez les jaunes d'œufs et l'œuf avec le sucre. Incorporez la moitié du mélange crème-lait-pistaches puis reversez le tout dans la casserole. Remettez sur le feu et laissez cuire doucement comme une crème anglaise (jusqu'à 83 °C). Elle doit napper la cuillère : quand vous passez le doigt dessus, la trace doit rester nette. Ne faites surtout pas bouillir.

3 Éteignez le feu, mixez la crème et versez-la dans un récipient. Couvrez de film alimentaire au contact et mettez au congélateur 15 minutes puis au réfrigérateur au moins 2 heures (ou, mieux, 12 heures).

4 Faites torréfier les pistaches au four à 140 °C pendant 10 minutes. Frottez-les pour éliminer la petite peau, coupez-les en deux et ajoutez la fleur de sel.

5 Versez la crème froide dans la sorbetière. Quand la glace commence à prendre, ajoutez les pistaches et continuez de faire tourner. Placez la glace au congélateur une heure avant de servir.

CONSEILS

• Faites reposer une nuit la base de la crème pour la glace, elle n'en sera que meilleure car les saveurs auront le temps de se développer.

• Comme pour le granité, utilisez de la très bonne pâte de pistaches pure (100 % pistache), que vous pouvez d'ailleurs réaliser vous-même (voir p. 97). C'est vraiment la clé de la réussite de cette glace !

LE RAISIN

Qu'il soit noir, blanc ou rose, le raisin est toujours à croquer et intimement lié à l'histoire de la Méditerranée, consommé sous forme de vin ou en version séchée.

Saisonnalité et variétés

On trouve du raisin frais d'août à décembre, selon les variétés.Parmi les raisins de table, vous trouverez sur les étals du marché les variétés suivantes, de mi-août à fin octobre :

- chasselas : il s'agit d'une variété ancienne de raisin blanc, presque doré, aux petits grains et à la saveur chaude. Le plus réputé est le chasselas de Moissac qui jouit d'une AOC ;
- muscat de Hambourg : une variété ancienne de raisin noir, très aromatique ;
- Italia : variété italienne, née d'un croisement en 1911. Il est caractérisé par ses grains assez gros, verts (il existe aussi une variété rose Italia rubi), fermes et juteux.

Il existe aussi d'autres variétés, plus confidentielles ou plus précoces (dès juillet ou début d'août) comme la Prima (noir), l'Ora (blanc), le Cardinal (rouge) et enfin la Serna Inta (une variété rose, sans pépins, très fruitée).

Parmi les raisins secs, choisissez des sultanines (les plus répandus, blonds ou dorés) caractérisés par leur saveur douce et l'absence de pépins. Goûtez également aux raisins de Smyrne, de Corinthe ou de Malaga.

Dans les salades de légumes ou de viande : optez pour du raisin rose ou du raisin Italia, plus frais et croquant.

Dans un risotto au fromage, par exemple : choisissez du muscat ou du chasselas.

Pour les biscuits et brioches : utilisez des raisins secs sultanine ou de Smyrne.

Une longue histoire

Il semblerait que le raisin soit originaire du Caucase. C'est un des fruits les plus anciens de Méditerranée, que les Égyptiens, les Grecs puis les Romains adoraient et qu'ils ont diffusé dans leurs empires respectifs.

Le raisin est profondément ancré dans notre culture culinaire, qu'il s'agisse du vin, du vinaigre, des raisins secs ou frais. En tant que fruit, c'est surtout sous sa forme séchée, qui permet de le conserver longtemps (on l'emportait lors des longs voyages, notamment en bateau) qu'il a été consommé jusqu'au XXe siècle. Le raisin de table ne s'est diffusé qu'à ce moment-là.

Autour de la Méditerranée

Le raisin sec est une composante d'un grand nombre de plats traditionnels. En version salée, il s'associe aux pignons dans des plats de viandes (tajines) ou de poissons mijotés, comme les rougets à la juive (p. 129), ou agrémente le riz (riz pilaf, p. 60).

Bien sûr, on retrouve le raisin sec en version sucrée dans des gâteaux ou brioches (comme le *boulou* tunisien ou le pain des morts en Corse et en Italie) ou dans le jus de raisins secs, typique du Maghreb.

Enfin, on ne peut oublier l'utilisation des feuilles de vigne en cuisine, farcies au riz et à la viande comme en Grèce (*dolmades*), en Turquie et au Liban.

> PROVENCE

POÊLÉE DE RAISINS

Pour 4 personnes

- Lavez et essuyez une grappe de raisin blanc et une grappe de raisin rouge. Dans une poêle, faites fondre 30 g de beurre puis ajoutez les grains de raisin et mélangez le temps qu'ils caramélisent un peu.
- Ajoutez 1 c. à c. de miel, une branche de thym ou de romarin et laissez cuire encore quelques minutes.
- Ajoutez 2 c. à s. de vin liquoreux (porto ou autre), faites évaporer, éteignez le feu puis salez et poivrez. C'est très bon avec du canard (rôti, confit ou fumé) ou un poulet rôti.

> LIBAN

SALADE DE LENTILLES, RAISINS ET POMMES

Pour 4 personnes

- Faites cuire 220 g de lentilles vertes dans un litre d'eau, pendant une vingtaine de minutes. Égouttez-les et assaisonnez-les avec 3 c. à s. d'huile d'olive, le jus d'un citron jaune, du sel et du poivre.
- Ajoutez 16 grains de raisin Italia (coupés en deux et épépinés), une pomme verte épluchée et coupée en dés, une dizaine de feuilles de persil et 5 feuilles de menthe ciselées.
- Mélangez le tout et assaisonnez avec 1 c. à s. de mélasse de grenade (voir p. 79) ou de vinaigre balsamique. Servez immédiatement.

ASSOCIATIONS IDÉALES

CLASSIQUES

En salade sucrée, avec d'autres fruits : pommes, poires, grenades, melon, pêches.

En salade salée, avec de la roquette, de la frisée ou de la sucrine, du magret séché ou de la viande des Grisons.

En accompagnement de presque tous les fromages : brebis, bleus, pâtes cuites comme le parmesan ou le comté.

En garniture de viandes rôties ou mijotées, notamment les volailles, le lapin et le porc.

En version séchée dans les brioches, les biscuits ou un gâteau au chocolat.

INSOLITES

En garniture d'un rôti de lotte ou d'un bar cuit au four.

En version séchée avec des légumes mijotés : une ratatouille, des épinards, une sauce tomate ou une *caponata* (p. 20).

Risotto à la tomme de brebis et au raisin frais

* * *

Le riz est une céréale très répandue dans le Bassin méditerranéen. Et l'Italie n'y fait pas exception, même si le risotto est plutôt une spécialité du nord.
Ici, le risotto est allé se promener hors des frontières à la rencontre du fromage de brebis, commun à beaucoup de pays comme l'Espagne, le sud de la France, l'Italie, la Grèce ou la Turquie. Les raisins apportent de la fraîcheur, du croquant et cette douceur (de vivre ?) que l'on retrouve dans toute la cuisine de Méditerranée.

POUR 4 PERSONNES

PRÉPARATION : 10 MIN – CUISSON : 20 MIN

• 280 g de riz à risotto (carnaroli, arborio ou vialone nano) • 80 cl environ de bouillon de légumes bien chaud • 30 g de beurre doux • 1 petite échalote • 1 verre de vin blanc sec • 180 g de tomme de brebis (type ossau-iraty ou *manchego*) • 20 grains de raisin blanc (chasselas) • 20 grains de raisin noir (muscat) • quelques feuilles de persil pour servir • sel, poivre.

1 Dans une casserole à fond épais, faites revenir l'échalote émincée avec le beurre. Dès qu'elle commence à colorer, ajoutez le riz et faites-le revenir jusqu'à ce qu'il devienne nacré et presque translucide.

2 Versez le vin, laissez-le s'évaporer puis incorporez le bouillon chaud, une louche après l'autre, en attendant que la précédente soit bien absorbée. Faites cuire ainsi, en remuant régulièrement avec une cuillère en bois, pendant 17 minutes environ (cela dépend de la variété et de la marque du riz).

3 5 minutes avant la fin de la cuisson, ajoutez 10 grains de raisin blanc et noir épépinés et continuez de mélanger. En fin de cuisson, éteignez le feu, incorporez la tomme coupée en petits morceaux, salez et mélangez. Laissez reposer une minute, puis poivrez.

4 Servez bien chaud avec le reste des grains de raisin et le persil ciselé.

CONSEILS ET VARIANTES

• Si vous utilisez un bon riz à risotto et suivez toutes les étapes, vous réussirez à coup sûr votre risotto ! L'essentiel est d'avoir un peu de patience et de servir le risotto bien chaud.
• Vous pouvez bien sûr remplacer la tomme de brebis par un autre fromage crémeux (même un bleu) en modifiant si besoin les proportions en fonction de sa consistance et de sa teneur en sel.

Pabassinas de Cagliari

Ces petits biscuits à base de miel, raisins et fruits secs ont le charme discret des douceurs traditionnelles, qui ont traversé les siècles. Les *pabassinas* (*pabassa* signifie « raisin ») sont typiques de la Sardaigne. Cette version plus festive est davantage un gâteau qu'un biscuit. Le nom a des origines espagnoles. Et en effet, ces mignardises pourraient tout aussi bien être espagnoles, marocaines, algériennes... C'est peut-être cela aussi qui m'a séduite.

POUR 8-10 PERSONNES (UNE VINGTAINE DE MIGNARDISES)

PRÉPARATION : 20 MIN — CUISSON : 10 MIN — REPOS : 2 H

• 120 g de miel environ (de citronnier, arbousier ou châtaignier) • 220 g de raisins secs (sultanine) • 220 à 240 g d'amandes entières • 180 g de cerneaux de noix • 50 g d'orange ou de cédrat confit coupé en petits dés • 50 g de farine • le zeste d'1 orange non traitée • ½ c. à c. de graines d'anis • 1 pincée de noix de muscade • mini-billes de sucre multicolore pour décorer.

1 Mettez le miel dans une casserole et faites-le chauffer à feu doux pendant une minute.

2 Coupez les raisins en deux. Concassez grossièrement les noix et 220 g d'amandes au couteau (ou au mixeur). Mélangez-les avec les raisins, l'orange confite, le zeste d'orange, la noix de muscade et l'anis.

3 Versez ensuite le miel tiède, petit à petit, tout en mélangeant ; vous devez ajouter juste la quantité nécessaire pour amalgamer la préparation. Incorporez la farine et mélangez à nouveau. Vous devez obtenir une sorte de pâte de fruits secs un peu épaisse et non homogène. Si la pâte n'est pas assez liée et trop sèche, ajoutez un peu de miel ; si elle est trop collante, ajoutez un peu d'amandes mixées finement. Laissez reposer au frais, couvert de film alimentaire au moins 2 heures ou, mieux, toute une nuit.

4 Préchauffez le four à 140 °C. Avec vos mains humides, prélevez une noix de pâte et formez un cône (ou une petite galette). Parsemez-le de sucre coloré et posez-le sur une plaque recouverte de papier cuisson. Procédez de même avec le reste de la pâte. Laissez sécher les *pabassinas* au four une dizaine de minutes puis laissez-les refroidir.

5 Ces mignardises se gardent une semaine dans une boîte hermétique.

VARIANTES

Selon vos goûts, vous pouvez modifier les proportions d'amandes et de noix ou choisir un autre miel. Traditionnellement, surtout dans les versions plus modestes, on liait la pâte avec de la *sapa*, une sorte de moût de raisin cuit qui était le sucre des classes les plus populaires.

•VIANDES & POISSONS•

L'AGNEAU

☼

LE CHORIZO, LE FIGATELLU
ET LES SALAMIS

☼

LE JAMBON CRU

☼

LE ROUGET

☼

LA SARDINE ET L'ANCHOIS

☼

LE THON ET L'ESPADON

☼

LE VEAU

L'AGNEAU

Par son histoire et son omniprésence culinaire, l'agneau est peut-être la viande la plus symbolique de la Méditerranée. C'est aussi une de mes viandes préférées, incroyablement goûteuse, familière, et si liée à ces paysages de collines et de montagnes qui font le charme de tout le Bassin méditerranéen.

Saisonnalité et origines

On distingue l'agneau de lait élevé sous la mère, nourri uniquement de lait maternel ; l'agneau blanc, nourri de lait de vache ; et enfin le broutard, nourri de lait mais également d'herbes (il a été sevré et a connu les pâturages). Généralement, la viande est meilleure au printemps et en été.

Certains agneaux bénéficient d'AOC, d'IGP ou de labels : ceux de Poitou-Charentes, de l'Aveyron et du Limousin, l'agneau de lait des Pyrénées et l'agneau de prés-salés. Ce dernier se nourrit de pâturages régulièrement recouverts par la mer, ce qui donne à l'herbe un goût iodé particulier que l'on retrouve dans la viande.

Pour une cuisson rapide (moins de 30 minutes) : choisissez des côtelettes à gratiner au four (p. 111) ou faites-vous hacher de l'épaule pour en faire des *kefta* (p. 158) ou des *briouates* (p. 114).

Pour une cuisson moyenne (moins d'une heure) : choisissez un filet désossé par le boucher (p. 112) ou un carré d'agneau.

Pour une cuisson longue et une viande très fondante (plus d'une heure) : optez pour un gigot entier, une épaule ou une souris.

Une longue histoire

L'élevage de l'agneau en Méditerranée remonterait à plus de 12 000 ans av. J.-C. C'est probablement l'une de premières viandes (avec la chèvre) à avoir été consommée, surtout dans les zones de montagnes.

L'agneau a toujours été lié à des rites païens puis religieux. Symbole de pureté (c'est également une viande casher et halal), de sacrifice, de résurrection et de fête, l'agneau était un mets d'exception, cuisiné pour des occasions particulières. Aujourd'hui encore, c'est la viande de Pâques par excellence.

Autour de la Méditerranée

On retrouve l'agneau dans tous les pays de la Méditerranée, cuisiné selon différents modes de cuisson : des cuissons simples et ancestrales, comme l'agneau rôti (l'agneau entier cuit à la broche toute une journée en Grèce ou celui braisé aux myrtes en Sardaigne) ou les fameux *kebabs* turcs, ou bien sous forme de boulettes (*kefta*, p. 158), de saucisses (merguez) ou encore mijoté dans un tajine, avec le couscous (Algérie et Tunisie), ou simplement cuisiné aux herbes (Pouilles, Calabre, Sicile).

Plein d'idées pour le cuisiner

> PROVENCE

CÔTES D'AGNEAU GRATINÉES

Pour 4 personnes

- Préchauffez le four à 220 °C. Préparez la panure en mélangeant 2 tranches de mie de pain avec les feuilles d'un demi-bouquet de persil, quelques feuilles de sauge ciselées, du sel, du poivre, 2 c. à s. de pignons hachés et 3 c. à s. d'huile d'olive.
- Répartissez cette pâte sur 8 petites côtes d'agneau et faites-les cuire sur la grille du four (avec une plaque en dessous) pendant 15 à 17 minutes, le temps qu'une croûte se forme. Servez chaud.

> TURQUIE

PIZZAS TURQUES À L'AGNEAU

Pour 6 personnes

- Préchauffez le four à 220 °C. Faites rissoler 2 c. à s. d'huile d'olive avec un demi-oignon rouge émincé. Baissez le feu et faites cuire 5 minutes.
- Ajoutez 400 g de viande d'agneau hachée, 20 feuilles de persil ciselées, un petit piment, une pincée de cannelle, salez et poivrez. Laissez mijoter jusqu'à complète évaporation de l'eau puis ajoutez 5 c. à s. de sauce tomate.
- Divisez 600 g de pâte à pain (achetée chez le boulanger) en 6 pâtons et étalez-les pour obtenir 12 petites pizzas. Garnissez avec la farce (en laissant un bord), versez un filet d'huile d'olive et faites cuire une dizaine de minutes. Servez chaud, arrosé de jus de citron.

ASSOCIATIONS IDÉALES

CLASSIQUES

Mijoté, avec des légumes ou légumineuses : pommes de terre, artichauts, fèves, tomates, poivrons, aubergines, ail, pois chiches, haricots blancs, petits pois.

Sauté ou mariné, avec des herbes aromatiques et des épices : persil, menthe, basilic, thym, coriandre, sauge, romarin, origan, za'atar, gingembre, cumin, cannelle, safran.

Farci avec du fromage : chèvre, féta, parmesan, pecorino, brebis (voir p. 112).

INSOLITES

Mijoté ou rôti, avec des fruits frais ou secs : coing, pruneau, abricot, banane, cerise.

En brochette, avec des saint-jacques.

Haché grossièrement, dans des boulettes terre-mer avec des filets d'anchois ou des crevettes.

Filet d'agneau farci au pecorino, à l'ail et aux herbes

Chacun de nous a un peu sa recette de viande fétiche, celle qu'on vous redemande à chaque dîner de fête et qui fait toujours plaisir. Voici la mienne : un filet d'agneau farci au pecorino et aux herbes. J'aime tout dans cette recette : la délicatesse du filet d'agneau, les parfums des herbes et le caractère du pecorino, la légère croûte dorée et la saveur simple de ce plat. C'est l'agneau du printemps et de l'été en Méditerranée.

POUR 4 PERSONNES

PRÉPARATION : 10 MIN — CUISSON : 30 MIN

• 600 g de filet d'agneau désossé et ouvert par le boucher (prêt à être farci) • 4 c. à s. de pecorino ou de parmesan • 2 tranches de pain de mie sans la croûte • 1 quinzaine de feuilles de persil plat • 6 feuilles de menthe • 1 petite gousse d'ail dégermée (ou d'ail nouveau) • 4 c. à s. d'huile d'olive vierge extra • romarin (facultatif) • sel, poivre.

1 Préchauffez le four à 200 °C.

2 Ouvrez le filet d'agneau, salez et poivrez l'intérieur. Mixez la mie de pain avec les herbes lavées et séchées, l'ail, le pecorino et 3 c. à s. d'huile d'olive, de manière à obtenir une sorte de pâte grossière et aromatique.

3 Étalez-la de manière homogène à l'intérieur du filet d'agneau puis enroulez-le et ficelez-le.

4 Posez la viande sur une plaque recouverte de papier cuisson, côté gras sur le dessus. Versez un filet d'huile d'olive et piquez quelques feuilles de romarin dans la viande. Salez et faites cuire au four 30 minutes. Il doit se former une légère croûte et le jus qui sort du filet doit être doré ou limpide (mais pas rouge). Le filet sera cuit (pas rosé) mais encore bien moelleux. Si vous avez un thermomètre à viande, la température à cœur doit être de 70 °C.

5 Sortez la viande du four et laissez-la reposer quelques minutes avant de la couper et de la servir.

CONSEILS ET VARIANTES

• Si cette version est bien romaine et napolitaine, vous pouvez très bien lui donner des airs : provençaux, en remplaçant le pecorino par du chèvre affiné et la menthe par de la sarriette ou du thym frais ; grecs, en utilisant de la feta dans la farce. Les temps de cuisson sont indicatifs, cela dépend aussi des préférences personnelles.

• Si vous avez beaucoup de convives ou ne trouvez pas de filet, vous pouvez préparer cette recette avec du gigot désossé (1 kg environ pour 6 à 8 personnes). Il faudra alors doubler la quantité de farce, et la cuisson sera un peu plus longue et un peu plus délicate car moins homogène.

• Servez ce plat avec de la *skordalia* (p. 181), une salade tiède de fèves et d'artichauts (p. 14) ou encore des artichauts farcis (p. 12).

Briouates d'agneau aux pruneaux et aux amandes

❋ ❋ ❋

Parmi les entrées typiques du Maghreb, je crois que les *briouates* figurent parmi mes préférées. Comment résister à ces triangles croustillants et dorés qui cachent une farce gourmande ? Ici, je suis partie des saveurs d'un tajine d'agneau, aux pruneaux et aux amandes, que j'ai transformé en une version plus rapide et plus ludique.

POUR 6 PERSONNES (20 BRIOUATES)

PRÉPARATION : 20 MIN — CUISSON : 20 MIN

• 10 feuilles de brick • 280 g d'agneau haché (épaule ou gigot) • 50 g d'amandes entières coupées en 4 • 6 pruneaux d'Agen dénoyautés et coupés en 4 • 2 c. à c. de cannelle en poudre • ½ c. à c. de coriandre en poudre • ½ c. à c. de cumin • 1 petit oignon jaune • 1 dizaine de feuilles de coriandre ou de persil plat • huile d'olive vierge extra • huile de friture (arachide) • sel.

1 Faites revenir l'oignon ciselé avec 3 c. à s. d'huile d'olive. Dès qu'il colore, ajoutez les épices et mélangez. Ajoutez la viande et mélangez à nouveau de manière à l'effriter un peu. Laissez cuire 3 minutes environ, salez et ajoutez la coriandre ou le persil plat ciselé, les amandes et les pruneaux. Réservez.

2 Prenez une feuille de brick à la fois (en laissant les autres dans le paquet pour éviter qu'elles ne sèchent). Coupez le disque en deux. Pliez chaque moitié en deux dans le sens de la hauteur de manière à obtenir un long rectangle.

3 Déposez 1 c. à s. de farce sur le bas du rectangle, repliez un angle vers l'intérieur de manière à former un triangle. Repliez ensuite toujours en triangle, en diagonale, en rejoignant l'autre bord et continuez ainsi jusqu'au bout de la bande de pâte. À la fin, glissez le reste de pâte à l'intérieur de la *briouate* pour la fermer. Réalisez ainsi toutes les briouates.

4 Faites chauffer l'huile dans une casserole profonde à fond épais à 170 °C (si vous y plongez un morceau de pain, de petites bulles doivent se former tout autour). Baissez le feu, plongez-y 5 briouates à la fois et faites-les dorer des deux côtés. Retirez-les avec une pince ou une écumoire, égouttez-les et posez-les sur du papier absorbant. Faites cuire ainsi toutes les *briouates*. Salez et servez bien chaud.

CONSEILS ET VARIANTES

• Vous pouvez former les *briouates* bien à l'avance et les garder crues 3 heures au frais, couvertes de film alimentaire. Faites-les frire au dernier moment.

• Si la friture vous fait peur, vous pouvez aussi les faire cuire au four à 180 °C, en prenant soin de bien les badigeonner d'huile d'olive. Dans ce cas, la pâte sera un peu moins croustillante et la farce un peu plus sèche.

LE CHORIZO, LE FIGATELLU ET LES SALAMIS

Quand je regarde les différentes sortes de saucissons secs que l'on trouve en Espagne, en France ou en Italie, cela me donne le vertige, tant il existe de spécialités. Ici, j'ai choisi trois saucissons typiques : le chorizo ibérique, le figatellu corse et les salamis italiens.

Fabrication et conservation

Les saucissons secs sont réalisés avec de la viande de porc maigre hachée au couteau, mélangée à du lard (pour le moelleux), du sel (pour la conservation), ainsi que des épices (poivre, noix de muscade…) et, parfois, de l'ail et du vin. Enfin, le tout est embossé dans un boyau de porc et mis à sécher de 2 à 9 mois selon les types de salamis.
Chaque pays (parfois même chaque village !) a développé sa spécialité avec les ingrédients locaux.
Entiers, les saucissons secs se conservent un mois dans un endroit sec, frais et aéré ou, à défaut, au réfrigérateur, enveloppés dans un linge (mais vérifiez toujours qu'il ne se forme pas d'humidité et, le cas échéant, changez le linge).
Une fois entamés, les saucissons se gardent une à deux semaines au frais, enveloppés dans un linge.
Si vous les achetez en tranches, conservez les charcuteries dans leur papier d'emballage et consommez-les sous deux à trois jours.

Une longue histoire

Il semblerait que les saucissons secs, les salamis, ou en tout cas des charcuteries similaires à base de viande de porc assaisonnée, salée et séchée, existent depuis l'époque des Phéniciens. Ils se répandirent surtout au Moyen Âge, période durant laquelle ils constituaient une denrée bon marché, nourrissante, qui se conservait longtemps et que l'on pouvait facilement transporter (notamment en mer).

Autour de la Méditerranée

Le **chorizo** est un saucisson typique de la péninsule ibérique (on en trouve aussi au Pays basque), caractérisé par un mélange de viande maigre et grasse de porc et notamment par la présence du *pimentón* (une sorte de paprika), qui lui donne sa belle couleur rouge et sa saveur légèrement piquante.
Le **figatellu corse** (le nom vient du mot *fegatu*, qui signifie « foie ») est un peu unique en son genre, dans la mesure où c'est l'un des rares saucissons secs à base de foie de porc (et bien sûr de viande maigre et grasse de porc). Le foie lui donne une couleur foncée mais surtout un goût inimitable.
Enfin, il y a les innombrables **salamis italiens** dont la composition varie selon les régions. Les plus connus, à base uniquement de porc, sont le *salame milano*, le *salame felino*, le *salame napoli*, la *soppressata* calabraise (à base de piment), la *finocchiona* toscane (aromatisée au fenouil).

Plein d'idées pour les cuisiner

> ESPAGNE

MOULES SAUTÉES AU CHORIZO

Pour 4 personnes

- Faites tremper 1,5 kg de moules espagnoles dans plusieurs bains d'eau froide puis grattez-les avec un couteau pour les nettoyer.
- Dans une grande cocotte, faites revenir une gousse d'ail coupée en deux avec 2 c. à s. d'huile d'olive. Ajoutez 150 g de chorizo coupé en gros dés. Faites-le sauter 3 minutes puis ajoutez 2 tomates moyennes coupées en dés et laissez cuire encore 3 minutes. Ajoutez les moules et un demi-verre de vin blanc sec.
- Laissez s'évaporer puis couvrez. Laissez cuire une dizaine de minutes, le temps que les moules s'ouvrent complètement. Servez bien chaud saupoudré de persil plat.

> ITALIE

BOUQUET DE SALAMI, HARICOTS VERTS ET MOZZARELLA

Pour 4 personnes

Préchauffez le gril du four à 200 °C. Faites cuire 400 g de haricots verts frais dans de l'eau bouillante salée pendant 8 à 10 minutes. Égouttez-les et passez-les sous l'eau froide. Formez 8 petits fagots de haricots et insérez au centre de chaque fagot un morceau de 20 g de mozzarella (il en faudra en tout 160 g). Enroulez autour de chaque fagot 2 tranches de salami (type *felino* ou *milano*) et liez le tout avec une ficelle alimentaire. Saupoudrez d'un peu de parmesan et faites gratiner pendant quelques minutes, le temps que la mozzarella fonde. Servez immédiatement.

ASSOCIATIONS IDÉALES

CLASSIQUES

Le chorizo : en petits dés ou en chips, dans une soupe de légumes (poivrons, chou, tomates, pommes de terre) ou de légumineuses (pois chiches, haricots tarbais, lentilles...).

Le figatellu : dans un gratin de légumes et de fromage de brebis, sur une pizza au fromage ou dans une polenta.

Le salami italien : roulé en cornet autour d'un chèvre frais aromatisé aux herbes, de la ricotta ou un morceau de mozzarella.

Tous les saucissons, dans une quiche à la place des lardons, un gratin de pommes de terre ou une omelette.

INSOLITES

Le figatellu servi en entrée avec une salade de melon et de figues.

Un salami italien (type *milano*), roulé et farci de fromage frais servi avec une sauce aux pêches et au basilic.

Soupe de potimarron, figatellu et châtaignes

⁂

Une soupe de début d'automne qui nous plonge immédiatement dans les paysages sauvages et rocheux de Corse.

Le figatellu a un goût marqué qui se marie très bien avec les saveurs douces du potimarron et de la châtaigne, autre ingrédient corse, s'il en est.

POUR 4 PERSONNES

PRÉPARATION : 10 MIN — CUISSON : 30 MIN

• 700 g de chair de potimarron (avec la peau) ou de courge butternut • ½ oignon jaune émincé • 3 c. à s. d'huile d'olive vierge extra • 12 tranches de figatellu corse • 8 châtaignes cuites (fraîches, en bocal ou sous vide) • 1 feuille de laurier • sel, poivre.

1 Lavez et coupez le potimarron en gros dés. Dans une casserole, faites revenir l'oignon dans l'huile d'olive. Ajoutez le potimarron, la feuille de laurier et salez légèrement. Recouvrez d'eau et faites cuire à feu moyen une vingtaine de minutes, jusqu'à ce que le potimarron s'attendrisse.

2 Retirez la feuille de laurier, mixez la soupe, si besoin diluez avec un peu d'eau, salez et poivrez. Reversez la soupe dans la casserole, ajoutez 4 tranches de figatellu coupées en dés et réchauffez à nouveau.

3 Servez chaud, agrémenté des châtaignes coupées en deux et des tranches de figatellu restantes (2 par personne).

CONSEILS ET VARIANTES

• Vous pouvez faire cuire le potimarron à l'avance, le mixer et le conserver au frais recouvert de film alimentaire pendant 24 heures. Vous pouvez aussi le congeler. Il vous suffira ensuite de tout réchauffer et d'ajouter les autres ingrédients qui composent la soupe.

• Pour plus de croustillant, vous pouvez remplacer les châtaignes par des noisettes et poêler les tranches de figatellu quelques minutes.

• Vous pouvez aussi servir la soupe avec des dés de fromage de brebis corse.

Tortilla au chorizo

❋ ❋ ❋

Certains d'entre vous ont sûrement à l'esprit ces immenses tortillas appétissantes qui trônent sur le comptoir des bars à tapas. Car s'il y a un plat emblématique de l'Espagne, c'est bien la tortilla ! Moelleuse et rassurante, elle ne lasse jamais. Ne l'appelez pas omelette car les héroïnes de l'histoire, ce sont bien les pommes de terre, et non les œufs. Elles sont accompagnées ici par un autre symbole gourmand : le chorizo.

POUR 6 À 8 PERSONNES

PRÉPARATION : 20 MIN – CUISSON : 40 MIN

• 700 g de pommes de terre à chair ferme • 15 cl d'huile olive vierge extra • 7 œufs de taille moyenne • 1 gros oignon jaune • 8 tranches fines de chorizo + 4 pour servir (sans la peau) • sel, poivre.

1 Épluchez les pommes de terre et coupez-les en tranches fines. Faites chauffer l'huile dans une poêle à fond épais (dans l'idéal, anti-adhérente) et faites rissoler l'oignon émincé. Ajoutez les pommes de terre en les répartissant de manière homogène. Baissez le feu et faites cuire 20 minutes en mélangeant régulièrement. Les pommes de terre doivent colorer et devenir plus tendres, sans pour autant se défaire.

2 Pendant ce temps, battez les œufs en omelette dans un saladier, salez et poivrez.

3 Égouttez les pommes de terre et les oignons et réservez l'huile de cuisson. Mélangez les pommes de terre avec les œufs battus et ajoutez le chorizo coupé en demi-tranches.

4 Reversez la moitié de l'huile dans la poêle, faites-la chauffer et versez le mélange précédent. Mélangez légèrement la surface avec une cuillère en bois pour bien répartir la préparation puis laissez cuire à feu moyen 5 minutes environ, le temps que les œufs coagulent.

5 Retournez délicatement l'omelette sur une assiette plate puis faites-la glisser de l'autre côté, dans la poêle. Laissez cuire encore 5 minutes.

6 Laissez à peine tiédir puis faites-la glisser sur un plat. Servez-la tiède, coupée en parts triangulaires, avec une demi-tranche de chorizo, ou bien à température ambiante, coupée en carrés.

CONSEILS ET VARIANTES

• Le seul moment délicat de la recette est celui où l'on retourne la tortilla alors qu'elle n'est pas complètement cuite. Ne lésinez donc pas sur la quantité d'huile et utilisez une poêle anti-adhérente.
• Si l'opération vous semble vraiment trop difficile, vous pouvez faire cuire la tortilla au four. Il vous suffit de verser le mélange œufs-pommes de terre (déjà cuites)-chorizo dans un moule tapissé de papier cuisson (ou généreusement huilé) et de le faire cuire à 180 °C pendant 20 minutes environ, jusqu'à ce que la surface devienne dorée.

LE JAMBON CRU

Un voile rouge ou rose posé sur du pain et le bonheur est assuré !
J'adore les jambons crus, fruits d'un savoir-faire ancestral.

Fabrication

Le jambon cru est une cuisse de porc qui est salée (parfois fumée), assaisonnée, puis séchée et affinée pendant plusieurs mois. La qualité du jambon est liée au terroir, à l'alimentation et aux conditions d'élevage des porcs, ainsi qu'aux méthodes d'affinage.

Une longue histoire

Le jambon cru de porc est un mets apprécié depuis le temps des Étrusques. Sa production est liée à la découverte du sel comme élément conservateur et à des microclimats (généralement montagnards) qui permettent un affinage idéal.
Sous l'Empire romain, il était considéré comme un produit d'exception réservé aux tables impériales. Au Moyen Âge, c'était une des seules façons de conserver la viande.

Autour de la Méditerranée

Pour des raisons climatiques et biologiques, l'élevage du cochon et l'art de fabriquer le jambon se concentrent surtout dans certains pays de Méditerranée, notamment l'Espagne, la France et l'Italie.

En Espagne, on distingue deux types de jambons : le **serrano** et l'**iberico**. Le premier est issu de cochons blancs qui sont élevés dans les zones montagneuses (d'où son nom, dérivé de *sierra*). Certains *serranos* bénéficient d'une AOP.
L'**iberico** est issu de porcs noirs de race ibérique. Ceux qui sont élevés en liberté et se nourrissent de glands donnent le *bellota*, la star des jambons espagnols, affiné de 12 mois jusqu'à 3 ans. Sa chair, d'une saveur intense, est un peu persillée.
En France, on trouve le célèbre **jambon de Bayonne**, affiné 7 mois. Le jambon de Bigorre, plus rare et d'une grande finesse, est issu de porcs noirs élevés dans les Hautes-Pyrénées, le Gers et la Haute-Garonne. Quelques mois avant l'abattage, ils sont laissés en liberté dans les sous-bois. Le jambon sec de Corse (*prisuttu*) bénéficie lui aussi d'une AOP.
En Italie, le plus prestigieux est le **jambon de Parme**, fabriqué près des Apennins, issu de races locales de porcs blancs, nourris avec des céréales et du petit-lait de parmesan. La viande est ensuite salée de manière subtile (d'où sa saveur douce). Il est affiné de 12 à 24 mois. C'est un des rares jambons sans conservateurs. Le **San Daniele** est un autre jambon de grande qualité produit plus au nord, dans le Frioul. Il existe également d'autres très bons jambons, dont la production est plus confidentielle, comme le *culatello* de Zibello ou ceux de Carpegna, de Modène ou même de Toscane. Tous ces jambons italiens jouissent d'une AOP.

Plein d'idées pour le cuisiner

> ITALIE

CHIPS DE JAMBON

Pour 4 personnes

- Faites chauffer une poêle sans matière grasse, déposez-y 4 tranches de jambon bien fines coupées en deux et faites-les sécher quelques minutes jusqu'à ce qu'elles deviennent croustillantes. Retirez-les de la poêle, réservez-les et renouvelez l'opération avec 4 autres tranches.
- Servez ces chips à l'apéritif ou pour agrémenter une soupe ou un velouté de légumes.
- Elles se conservent plusieurs heures à température ambiante.

> ESPAGNE

BROCHETTES DE JAMBON ET DE BREBIS

Pour 4 personnes

- Coupez 150 g de tomme de brebis un peu affinée (type ossau-iraty ou *manchego*) en dés de 1 cm de côté. Enrobez chaque morceau de fromage d'un morceau de jambon cru (il vous faudra en tout 6 tranches bien fines, coupées en morceaux ou déchirées à la main).
- Enfilez sur une brochette les dés de fromage enrobés de jambon et faites-les chauffer quelques minutes à la plancha ou à la poêle afin que le jambon devienne légèrement croustillant et que le fromage commence à fondre.
- Servez sur un lit de salade verte avec un peu de confit d'oignons rouges.

ASSOCIATIONS IDÉALES

CLASSIQUES

En tranches fines, avec des fruits frais : melon, pêches, figues, framboises, pommes, raisin, ananas...

Dans des plats à base de pommes de terre : gratin, croquettes...

Pour enrober des rôtis, des terrines ou des pains de viande à base de poulet, porc, veau, canard...

En chips, pour décorer ou agrémenter une salade tiède d'artichauts, de petits pois ou d'oignons nouveaux.

À l'intérieur de roulés de légumes : aubergines (p. 174), poivrons rôtis, chou blanc.

INSOLITES

Pour enrober des brochettes de crevettes grillées au barbecue ou des filets de poisson (lotte, truite, cabillaud, bar...) rôtis au four.

Croquetas de jamón

Impossible de résister à ces croquettes croustillantes au cœur fondant qui cachent des pépites de jambon. Les *croquetas* sont un grand classique des tapas, déclinables selon les envies et absolument indémodables. Leur particularité réside dans la base de béchamel gourmande qui est ensuite frite et panée, un régal !

POUR 4 PERSONNES (12 PIÈCES)

PRÉPARATION : 20 MIN – CUISSON : 20 MIN – REPOS : 4 H

• 60 g de jambon Serrano coupé en très fines lanières • 30 g de fromage de brebis, type *manchego*, râpé • 26 cl de lait frais entier • 1 grosse c. à s. de farine • 1 c. à s. d'huile d'olive • 2 œufs • farine • chapelure de pain • noix de muscade • huile de friture (arachide, tournesol...).

1 Faites chauffer l'huile d'olive dans une casserole puis ajoutez le jambon et mélangez. Saupoudrez de farine et faites légèrement colorer. Versez ensuite le lait et laissez cuire à feu moyen pendant 5 à 10 minutes, tout en mélangeant pour éviter la formation de grumeaux, le temps que la béchamel épaississe. Éteignez le feu, ajoutez le fromage, saupoudrez de noix de muscade et mélangez. Transférez la béchamel dans un bol et recouvrez de film alimentaire. Laissez reposer au frais au moins 4 heures (ou même toute une nuit).

2 Saupoudrez abondamment de farine le plan de travail et versez-y la béchamel. Formez délicatement un long boudin de 2 cm de diamètre en vous aidant de la farine. Détaillez-le en 12 petits boudins en prenant soin de bien fariner les côtés.

3 Battez les œufs dans une assiette creuse et versez la chapelure dans une assiette plate. Trempez chaque boudin dans l'œuf puis passez-le dans la chapelure de manière à l'enrober entièrement. Réservez au frais 10 minutes.

4 Faites chauffer l'huile à 170 °C (si vous y plongez un morceau de pain, des petites bulles doivent se former). Plongez-y délicatement 4 croquettes à la fois et faites-les dorer de tous les côtés.

5 Retirez-les avec une pince ou une écumoire et posez-les sur du papier absorbant. N'ajoutez pas de sel, la préparation est déjà salée. Servez chaud ou tiède.

CONSEILS ET VARIANTES

• Il existe différentes façons de procéder. Certains préparent une béchamel bien épaisse qu'ils aromatisent ensuite avec le jambon, d'autres ajoutent en début de cuisson un demi-oignon émincé. Je préfère incorporer le jambon dans la béchamel, je trouve que l'ensemble est plus homogène et a plus de goût.
• Pour éviter que les croquettes ne s'ouvrent à la cuisson, veillez à bien les enrober de chapelure.
• Si vous ne souhaitez pas faire de friture au dernier moment, vous pouvez les faire frire une ou deux heures à l'avance puis les réchauffer au four à 190 °C pendant 5 minutes.

Involtini à la napolitaine

* * *

Les roulés de viande sont un peu comme les boulettes, ils ont un charme ludique et décontracté, sont présents dans la cuisine de nombreux pays de la Méditerranée et peuvent se décliner à l'infini.

Ceux-ci, extrêmement gourmands, sont typiques de Naples et font la part belle au cochon, sous forme de rôti et de jambon. J'aime particulièrement la farce qui réserve des surprises : la douceur des raisins et le salé du jambon qui contrastent avec l'acidité de la tomate.

POUR 6 PERSONNES

PRÉPARATION : 15 MIN — CUISSON : 1H30 — ATTENTE : 10 MIN

• 10 tranches bien fines de rôti de porc cru (800 g environ) • 100 g de jambon cru • 50 g de raisins secs • 50 g de câpres au sel (dessalées) ou au vinaigre (bien rincées) • 50 g de saindoux ou de beurre • 30 g de pignons de pin • 2 c. à s. de chapelure (si possible maison) • 1 piment oiseau • 1 petite boîte de concentré de tomates (2 c. à s.) • huile d'olive • sel.

1 Faites tremper les raisins dans de l'eau tiède pendant 10 minutes. À l'aide d'un poids (une casserole, par exemple), tapez sur les tranches de viande, recouvertes de film alimentaire, pour les amincir (3 mm d'épaisseur).

2 Hachez au couteau le jambon avec les câpres, les raisins (égouttés et séchés) et les pignons. Ajoutez la chapelure. Étalez cette farce sur les tranches de viande puis roulez-les et fermez les roulés avec un cure-dent.

3 Faites chauffer le saindoux avec 2 c. à s. d'huile d'olive. Ajoutez les roulés et faites-les colorer de tous les côtés. Diluez le concentré de tomates dans un grand verre d'eau et versez-le sur la viande. Salez et ajoutez le piment. Laissez cuire à feu très doux pendant 1 h 10 environ. À mi-cuisson, ajoutez un peu d'eau pour diluer la sauce. Rectifiez l'assaisonnement.

4 Servez chaud ou tiède, après avoir retiré les cure-dents.

CONSEILS ET VARIANTES

• Ce plat peut se préparer à l'avance (ou même la veille), il vous suffira de le réchauffer au moment de servir.
• Vous pouvez remplacer le porc par du bœuf ou du veau. Dans ce cas, la cuisson sera de 40 à 50 minutes environ.
• Si vous souhaitez plus de sauce, vous pouvez remplacer le concentré de tomates par 380 g de tomates concassées en boîte de bonne qualité. Dans ce cas, le goût de la tomate dominera et on sentira moins la farce.

LE ROUGET

Rouge, presque rose, avec des veines dorées, fin et délicat en bouche, le rouget évoque immanquablement ces délicieuses soupes de poissons, généreuses et iodées, qui se dégustent tout autour de la Méditerranée.

Saisonnalité et variétés

La saison des rougets va de septembre à décembre. Si vous en trouvez des frais, privilégiez les rougets de roche, plus savoureux, ou, à défaut, les rougets-barbets. Vous pouvez aussi trouver des rougets-grondins qui n'appartiennent pas à la même famille ; ils sont moins délicats mais ils peuvent faire l'affaire.

Choisissez-les bien fermes, luisants, avec l'œil vif. Si les petits rougets de roche sont vraiment très frais (pêche du jour), il est inutile de les vider avant de les griller ou de les faire cuire ou four. Sinon, il vaut mieux les vider et les écailler.

Pour les marinades crues ou les grillades : préférez des rougets de roche extra-frais.
Pour les fritures ou les plats mijotés : optez pour des rougets-barbets, plus gros.
Pour des soupes : mélangez les rougets avec des grondins, des rascasses, et des crustacés.

Une longue histoire

Connu depuis l'Antiquité, le rouget a toujours été apprécié pour sa chair fine. C'est un poisson souvent considéré comme un mets recherché et luxueux car, vivant en profondeur, il est difficile à pêcher.
Il existe deux types de rougets, le barbet au sens strict, dit aussi rouget de vase, plus répandu mais un peu moins goûteux. Et surtout, il y a le roi des rougets, le rouget de roche, magnifique, avec une chair extrêmement subtile.

Autour de la Méditerranée

Les rougets sont la plupart du temps cuisinés simplement et rapidement. Il suffit de penser aux rougets frits puis marinés dans de l'huile, de l'ail et du vinaigre, comme à Corfou, en Grèce, ou bien marinés avec des raisins et des pignons (page suivante), comme dans la communauté juive, en Espagne et en Italie.
Les rougets entrent aussi dans la composition de nombreuses soupes ou plats mijotés de poisson, comme la bouillabaisse marseillaise ou les rougets à la livournaise (avec de la sauce tomate, de l'ail et du persil), en Italie.

> ITALIE, ESPAGNE

ROUGETS AUX RAISINS ET AUX PIGNONS

Pour 4 personnes

- Préchauffez le four à 180 °C. Faites tremper 80 g de raisins secs dans de l'eau tiède.
- Videz, écaillez, lavez et essuyez 8 rougets-barbets. Placez-les, les uns à côté des autres, dans un plat à four légèrement huilé. Salez, poivrez et ajoutez 4 c. à s. d'huile d'olive vierge ainsi que 8 c. à s. de vinaigre de vin blanc. Parsemez de 100 g de pignons, ajoutez les raisins égouttés ainsi que 2 c. à s. de persil ciselé.
- Enfournez 15 minutes environ, le temps que les rougets dorent et que le liquide de cuisson réduise un peu.

COMMENT PRÉPARER LES ROUGETS

- Pour les vider (mais vous pouvez demander à votre poissonnier de le faire), il faut entailler le ventre avec un couteau bien aiguisé, retirer les entrailles en prenant soin de laisser le foie, qui donne du goût. Ensuite, il faut les écailler.
- Rincez-les et essuyez-les soigneusement. Conservez-les ensuite au réfrigérateur (dans la partie haute), dans un sac congélation très propre, pas plus de 2 jours.
- Faites-les cuire très rapidement (10 à 20 minutes maximum selon le type de cuisson et le poids du poisson) avec des herbes, du pastis, du jus d'orange...

ASSOCIATIONS IDÉALES

CLASSIQUES

Mijotés, avec de la sauce tomate, des poivrons, des olives, des câpres.

Au four, avec des aubergines, des courgettes, du fenouil.

Marinés, avec de l'huile d'olive et du persil, du basilic, de la coriandre.

Gratinés, avec des fruits secs : amandes, pignons, raisins secs, noisettes.

INSOLITES

Rôtis au four avec du raisin frais.

Soupe de rougets

Ah ! les soupes de poisson, quel pouvoir évocateur ! Elles nous font sentir l'air tiède et l'odeur iodée du bord de mer, nous rappellent les dîners joyeux en famille et nous ramènent à une alimentation presque ancestrale.

En Méditerranée, les soupes de poisson ont mille visages selon les régions, car elles sont le fruit du savoir-faire des pêcheurs pour cuisiner les invendus de la pêche.

Celle-ci fait la part belle aux rougets et aux tomates. Plus simple que les soupes de poisson traditionnelles, c'est un grand classique à la maison.

POUR 4 PERSONNES

PRÉPARATION : 15 MIN — CUISSON : 40 MIN

• 1 kg de rougets-barbets frais (écaillés et vidés) • 600 g de tomates fraîches bien mûres (en grappe, allongées ou cœur-de-bœuf) • 2 branches de céleri • 2 oignons nouveaux (ou 1 oignon jaune moyen) • 2 gousses d'ail • 1 petite carotte • ¼ de botte de persil plat • 1 verre de vin blanc sec • 1 c. à s. de farine • 2 piments oiseau • 4 tomates cerises (pour le dressage) • 2 c. à s. d'huile d'olive vierge extra • quelques feuilles de basilic • sel.

1 Coupez le céleri, les oignons, l'ail et la carotte en petits dés. Faites-les revenir dans un grand faitout avec 2 c. à s. d'huile d'olive et les piments.

2 Ajoutez les rougets entiers et le persil ciselé, saupoudrez de farine puis versez le vin blanc. Laissez frémir 5 minutes. Ajoutez les tomates coupées en dés et un verre d'eau. Salez. Laissez cuire à petits bouillons 20 minutes environ.

3 Sortez les rougets du faitout avec une écumoire, levez les filets et mettez-les de côté.

4 Passez la soupe (y compris les têtes et les arêtes de poisson) au moulin à légumes.

5 Faites chauffer à nouveau la soupe, salez puis servez chaud ou tiède avec les filets de rougets, les tomates cerises et le basilic.

Rougets en chermoula sur salade de couscous

⁂

La *chermoula*, typique du Maroc et de la Tunisie, est une de ces sauces à base d'ingrédients frais pilés, qui apportent aux plats un parfum incroyable. Généralement à base d'ail, de coriandre, de citron et d'épices, la *chermoula* agrémente ici des rougets, accompagnés d'une salade de couscous très fraîche.

POUR 4 PERSONNES

PRÉPARATION : 20 MIN — CUISSON : 15 MIN — REPOS : 3 H

Pour la salade de couscous • 200 g de semoule moyenne précuite (ou cuite par vos soins) • 4 tomates en grappe les feuilles d' ½ bouquet de persil • les feuilles d' ½ bouquet de menthe • le jus de 3 grosses oranges • le jus de 2 citrons jaunes • 1 piment oiseau • 2 c. à s. de pignons de pin • 6 c. à s. d'huile d'olive vierge extra • sel.

Pour les rougets en chermoula • 16 filets de rougets-barbets • 1 ou 2 gousses d'ail • les feuilles d'1 gros bouquet de coriandre • le jus d'1 citron jaune • 1 pincée de cumin • 1 pincée de safran • 1 pincée de coriandre • 1 pincée de piment • huile d'olive vierge extra.

1 Quelques heures à l'avance, préparez la salade. Lavez les tomates, coupez-les en dés et ciselez les feuilles de menthe et de persil.

2 Versez la semoule dans un saladier et arrosez-la avec le jus des oranges, celui d'un citron et l'huile d'olive. Égrenez avec une fourchette puis ajoutez les tomates, les herbes, les pignons, le piment et mélangez. Salez, couvrez et laissez reposer au frais au moins 3 heures (ou même toute la nuit).

3 Allumez le gril du four (200 °C). Préparez la chermoula en écrasant (au mortier ou, à défaut, au mixeur) l'ail, les feuilles de coriandre, les épices et le sel puis en ajoutant quelques cuillères à soupe d'huile d'olive et le jus du citron de manière à obtenir une pâte un peu liquide.

4 Rangez les filets de rougets dans un plat à four, salez-les et arrosez-les d'un peu d'huile. Badigeonnez-les avec la *chermoula* et faites-les cuire sous le gril du four 10 à 15 minutes.

5 Pendant ce temps, goûtez la salade de couscous, ajoutez le reste de jus de citron, un peu d'huile d'olive et salez si besoin. Servez les filets de rougets bien chauds, avec leur jus, sur la salade de couscous.

CONSEILS ET VARIANTES

- Vous pouvez remplacer les filets de rouget par des filets de dorade, de bar ou de cabillaud.
- Vous pouvez aussi utiliser la *chermoula* sur de l'agneau grillé, dans une salade de poulet ou de pommes de terre.

LA SARDINE ET L'ANCHOIS

La sardine et l'anchois sont mes poissons d'été, ceux qui brillent au soleil sur les étals, avec leurs couleurs bleutées qui évoquent la Méditerranée. Poissons simples et humbles, ils sont la promesse de dîners savoureux au retour de plage et, même en conserve, ils donnent un goût de vacances à l'hiver.

Bien choisir la sardine et l'anchois

La saison des sardines et des anchois de Méditerranée va de mars à octobre. Choisissez-les bien fermes, luisants, avec l'œil brillant.

Pour les marinades crues ou les fritures : préférez des anchois très frais (de Collioure ou Port-Vendres, par exemple) que vous aurez vidés et nettoyés.

Pour les grillades : optez pour des sardines pas trop petites, vidées mais avec leurs écailles.

Pour les gratins : utilisez des filets de sardines du golfe de Gascogne, bien nettoyés.

En conserve : prenez de bons filets d'anchois à l'huile d'olive vierge extra ou au sel. Ils sont de meilleure qualité chez le poissonnier ou en épicerie fine.

Une longue histoire

La sardine et l'anchois sont connus depuis des millénaires. Déjà, les Grecs avaient remarqué l'abondance des sardines en Sardaigne au point qu'ils donnèrent son nom à cette île.

Plus fins et plus petits, les anchois étaient et sont encore aujourd'hui surtout consommés en saumure. À l'époque des Romains, on utilisait même comme condiment l'eau de la saumure ainsi que les entrailles assaisonnées avec des aromates : c'était le fameux *garum*.

Autour de la Méditerranée

L'anchois et la sardine sont vraiment les poissons les plus emblématiques du patrimoine culinaire de la Méditerranée.

Ils sont consommés juste marinés (comme les anchois à l'ail et vinaigre espagnols, p.135), grillés ou frits, comme les *sarde in saor* vénitiennes (sardines frites agrémentées de raisins et de pignons).

On retrouve également les sardines sous forme de boulettes frites ou mijotées, notamment au Maghreb (*kefta*, p. 68) ou parfumées avec des herbes et cuites au four (p. 138) comme en Grèce ou en Sicile.

Enfin, ces petits poissons entrent dans la composition de nombreuses salades dont la célèbre niçoise, de sauces, comme l'anchoïade (p. 135), ou comme accompagnement des pâtes, comme dans la *pasta con le sarde* sicilienne (pâtes aux sardines, raisins, pignons et fenouil).

> PROVENCE

ANCHOÏADE

Pour 4 à 6 personnes

- Hachez très finement 200 g de filets d'anchois à l'huile d'olive ainsi que 3 gousses d'ail.
- Versez dessus leur huile de marinade et 15 cl environ d'huile d'olive bien corsée (niçoise).
- Ajoutez 1 à 2 c. à s. de vinaigre de vin et mélangez. Vous devez obtenir une pâte assez grossière. Servez-la avec des crudités, des tranches de pain grillé ou une *focaccia* (p. 48).

> ESPAGNE

ANCHOIS AU VINAIGRE À L'ESPAGNOLE

Pour 4 personnes

- Lavez et épongez 400 g d'anchois extra-frais puis ouvrez le ventre avec un couteau. Videz-les en retirant en même temps les arêtes et la tête. Rincez-les et essuyez-les. Rangez les filets dans un plat (sans trop les superposer).
- Mélangez 15 cl de vinaigre de vin blanc avec 4 c. à s. d'eau froide. Versez ce mélange sur le poisson, recouvrez de film alimentaire et réservez au frais toute une nuit.
- Le lendemain, émincez finement 2 gousses d'ail et ciselez une dizaine de feuilles de persil puis ajoutez 6 c. à s. d'huile d'olive, du sel et du poivre.
- Saupoudrez le tout sur le poisson mariné, mélangez délicatement et servez comme tapas.

ASSOCIATIONS IDÉALES

CLASSIQUES

Associez les sardines à des légumes **dans un gratin** : tomates, poivrons, aubergines, courgettes, scarole, endives, chou-fleur.

Ajoutez des filets d'anchois à l'huile ou des sardines en boîte rissolées **dans une soupe ou dans une salade** de légumineuses : pois chiches, haricots cocos, lentilles.

Faites mariner des sardines ou des anchois frais avec des herbes fraîches et des épices : basilic, persil, coriandre, menthe, romarin, sauge, piment, za'atar.

Essayez les sardines mijotées avec des fruits secs : amandes, pignons, raisins secs.

INSOLITES

Cachez des filets d'anchois dans des boulettes de bœuf ou d'agneau ou farcissez-en une épaule d'agneau.

Essayez les sardines ou les anchois frais marinés avec des fruits : citron, orange, ananas, groseilles.

Pain du pêcheur

⁂

Dès que je rencontre un pain à base de semoule de blé dur, je sais que je suis au soleil. La semoule de blé dur est un ingrédient phare de tous les pains du sud de l'Italie mais également de l'Afrique du Nord ou du Proche-Orient.

Celui-ci est un pain napolitain (mais il pourrait très bien être tunisien, par exemple) surnommé « pain du pêcheur », car il s'agissait d'un pain frugal préparé avec des restes de pêche ou d'anchois pour le rendre plus gourmand. Il est savoureux, croustillant, et se marie à merveille avec les soupes de poisson.

POUR UNE COURONNE (6 PERSONNES)

PRÉPARATION : 25 MIN — CUISSON : 25 MIN — REPOS : 3 H

• 500 g de semoule de blé dur très fine + un peu pour le plan de travail • 30 cl d'eau environ • 20 g de levure de boulanger fraîche (ou 7 g de sèche) • 10 g de sel fin • 5 gros filets d'anchois au sel ou une dizaine de filets à l'huile d'olive • 10 olives noires de bonne qualité • 8 tomates cerises (facultatif) • huile d'olive vierge extra.

1 Mélangez la levure avec 10 cl d'eau et laissez fermenter 10 minutes jusqu'à ce qu'il se forme une écume en surface.

2 Dans un saladier, mélangez la semoule avec le sel, formez un puits au milieu et versez-y le mélange eau-levure et le reste de l'eau (20 cl). Mélangez avec une cuillère en bois puis travaillez la pâte une dizaine de minutes (au robot, muni d'un crochet pétrisseur, ou à la main) sur un plan de travail fariné, en la repliant plusieurs fois sur elle-même jusqu'à ce qu'elle soit souple, lisse et homogène. Posez-la dans un grand saladier un peu huilé, recouvrez de film alimentaire ou d'un torchon humide et faites lever dans un endroit tiède à l'abri des courants d'air, 2 heures environ. La pâte doit doubler de volume.

3 Pendant ce temps, dénoyautez les olives, rincez et essuyez les anchois.

4 Reprenez le pâton, mettez-le sur un plan de travail fariné. Écrasez-le un peu avec les mains de manière à obtenir un rectangle de 15 cm de large. Déposez dessus les anchois et parsemez d'olives, puis roulez la pâte de manière à obtenir un boudin. Réunissez les deux bouts, en scellant soigneusement, pour former une couronne. Déposez-la sur une plaque recouverte de film alimentaire et laissez-la lever à température ambiante (tiède) une heure.

5 Préchauffez le four (chaleur statique) à 210 °C. Posez sur le pain quelques tomates cerises, badigeonnez d'huile, saupoudrez de sel puis faites cuire pendant 15 minutes dans le bas du four. Montez la plaque au milieu du four et poursuivez la cuisson une dizaine de minutes.

6 Laissez tiédir sur une grille puis dégustez (avec la soupe de rougets, p. 130). Ce pain se garde bien jusqu'au lendemain.

Sardines à la menthe, ail et citron

❊ ❊ ❊

Les sardines au four, marinées ou mijotées, constituent le plat méditerranéen par excellence, celui que préparent les familles de pêcheurs et les habitants des côtes, depuis des milliers d'années. Cette recette est inspirée d'une recette sicilienne. Extrêmement rapide à préparer, elle est unique… Je ne sais si c'est l'alchimie des saveurs de la menthe, de l'ail et du citron, ou bien la touche secrète du sucre (si, si, c'est l'héritage arabe) mais le résultat est vraiment incroyable.

Comme moi, je suis sûre que vous succomberez à ce plat humble et très parfumé, devenu un grand classique à la maison.

POUR 4 PERSONNES

PRÉPARATION : 10 MIN — CUISSON : 15 MIN

• 500 g de filets de sardines (sans la nageoire dorsale) • 4 gousses d'ail frais (ou 2 gousses d'ail sec) • les feuilles d' ½ bouquet de menthe fraiche • le jus de 2 beaux citrons • 1 c. à s. bombée de sucre • huile d'olive vierge extra • sel, poivre.

1 Préchauffez le four à 180 °C. Émincez les gousses d'ail et ciselez la menthe. Rincez et essuyez les filets de sardines.

2 Huilez légèrement un moule rond de 20 cm de diamètre environ puis posez au fond une gousse d'ail émincée et 8 feuilles de menthe ciselées. Posez une couche de filets de sardines dans le moule, salez, parsemez d'ail et de menthe puis répétez l'opération avec une autre couche de sardines. Salez, poivrez et ajoutez un filet d'huile d'olive. Mélangez le jus de citron avec le sucre et versez-le sur le poisson.

3 Faites cuire au four 15 minutes environ. Au bout de 10 minutes, arrosez les sardines avec leur jus.

4 Servez chaud ou tiède. Ce plat se conserve bien, au frais, jusqu'au lendemain. Il suffira de le faire tiédir avant de servir.

CONSEILS ET VARIANTES

• Si vous utilisez des sardines entières (à vider en retirant la tête), il vous en faudra 1 kg environ.
• Vous pouvez très bien remplacer la menthe par du persil plat, de la coriandre ou des plumets de fenouil sauvage (ou mélanger plusieurs herbes). Pour une saveur plus douce, vous pouvez remplacer le citron par du jus d'orange.
• Traditionnellement, ce plat se prépare à l'étouffée à feu doux dans une large casserole. Je préfère ma version au four car la chair des sardines est plus gratinée et les saveurs plus concentrées, mais à vous de choisir.

LE THON ET L'ESPADON

Le thon et l'espadon, ces deux énormes poissons à la saveur délicate et recherchée, font immédiatement penser à l'été. Je me souviens que, petite, ils m'impressionnaient, surtout l'espadon avec sa grande « épée » (*spada*, en italien), qui lui donne son nom.

Saisonnalité et variétés

La pêche au thon se déroule d'avril à décembre selon les variétés. L'espadon frais, quant à lui, est disponible sur les étals de juillet à octobre.

Pour les conserves de thon, privilégiez la qualité : optez pour des filets entiers conservés en bocal ou dans de grandes boîtes.
Les deux poissons s'utilisent de manière similaire. Le thon sèche plus vite à la cuisson mais il est plus goûteux, alors que l'espadon tient mieux la cuisson.
Pour les grillades, les marinades ou les tartares : optez pour un thon blanc ou germon, ou de l'espadon.
Pour les gratins ou les sauces : utilisez du thon blanc ou de l'espadon frais, ou du thon en boîte.

Une longue histoire

Le thon et l'espadon aiment les eaux profondes tropicales ou tempérées. En été, ils migrent en Méditerranée. Ils peuvent mesurer jusqu'à 4 mètres et peser des centaines de kilos.
Appréciés depuis l'Antiquité, ces poissons à la carrure impressionnante ont été longtemps considérés comme des produits de luxe, compte tenu de la difficulté de les capturer. Encore aujourd'hui, recherchés pour la finesse de leur chair, ils sont servis les jours de fête.
Pendant des siècles, la pêche au thon rouge de Méditerranée est restée très locale et limitée, et constituait un véritable rituel qui se déroulait une fois par an. Malheureusement, aujourd'hui, à cause de la pêche internationale massive, ce poisson si lié à la cuisine méditerranéenne risque de disparaître.

Autour de la Méditerranée

Le thon et l'espadon frais grillés peuvent être servis en brochettes ou en salade tiède, avec des oignons et des carottes (Turquie). Ils sont souvent gratinés avec du pain et des tomates (Sicile, p. 144), cuisinés à la *chermoula* (Maroc, Tunisie, p. 132) ou bien mijotés dans une sauce tomate et des herbes (Algérie, Italie).
Le thon en conserve entre dans la composition de nombreux plats comme le célèbre *pan bagna* (même si, à l'origine, on utilisait des sardines, ingrédient beaucoup plus accessible), les bricks au thon et à l'œuf tunisiens ou algériens, et les nombreuses variantes de pâtes au thon italiennes (p. 142), ou encore la sauce du *vitello tonnato* (p. 150).
Il existe aussi une spécialité sicilienne, une sorte de jambon de thon au sel que l'on sert en tranches fines avec du citron.

> TUNISIE

ESPADON GRILLÉ ET MARINÉ AUX AGRUMES

Pour 4 personnes

- Pelez à vif 1 orange et 2 clémentines puis coupez-les en tranches fines. Assaisonnez 4 tranches d'espadon assez fines avec le jus d'un petit citron et d'une demi-orange. Salez, poivrez et laissez mariner 15 minutes.
- Faites griller rapidement les tranches de poisson des deux côtés puis servez-les avec les tranches d'agrumes.

> ITALIE, PROVENCE

TARTARE DE THON AU BRUGNON

Pour 4 personnes

- Pelez à vif 1 petit citron jaune au-dessus d'une assiette creuse pour récupérer le jus. Coupez-le en dés. Lavez 1 brugnon mûr mais encore ferme et coupez-le en dés.
- Coupez en dés 200 g de thon rouge ou blanc extra-frais et assaisonnez-le avec 1 c. à s. d'huile d'olive, du sel et du poivre, puis ajoutez les dés de citron et de brugnon et 4 feuilles de basilic ciselées. Mélangez et laissez reposer au frais 10 minutes avant de servir.

ASSOCIATIONS IDÉALES

CLASSIQUES

Le thon, mi-cuit, accompagné de légumes sautés : poivrons, aubergines, courgettes, oignons nouveaux.

L'espadon coupé en tranches fines, roulé avec une farce d'herbes, de chapelure et de pignons, et cuit au four.

Le thon ou l'espadon en tartare ou en carpaccio avec des agrumes (oranges, citrons, pamplemousses, clémentines...), du persil, du basilic, de la coriandre...

Le thon en conserve en farce de légumes (courgettes, poivrons, chou frisé) ou d'œufs durs ou dans une omelette.

INSOLITES

Du thon rôti en cocotte accompagné d'une compote d'oignons rouges, raisins et pignons, ou d'une compote de rhubarbe.

Un tartare de thon ou d'espadon avec des pêches, de la mangue ou des framboises fraîches.

Spaghetti au thon, citron et câpres

Pour faire la part belle au thon même si l'on est loin de la mer, rien de mieux qu'un plat de pâtes minute, décontracté et très italien.

Il s'agit là de pâtes *in bianco* (« en blanc », sans tomate, donc) dans lesquelles le thon, le héros de l'histoire, est rafraîchi par les câpres et le citron.

POUR 4 PERSONNES

PRÉPARATION : 5 MIN — CUISSON : 15 MIN

• 380 g de spaghetti *alla chitarra* (ou de spaghetti, ou de linguine) • 120 g de ventrèche de thon blanc à l'huile d'olive, en bocal • 2 c. à s. de câpres au vinaigre ou au sel (dessalées à l'eau froide) • le jus et le zeste d'1 citron jaune non traité • quelques feuilles de persil plat • huile d'olive vierge extra • sel, poivre.

1 Portez une grande casserole d'eau à ébullition puis salez-la. Plongez-y les pâtes et laissez-les cuire le temps indiqué sur le paquet en remuant de temps à autre pour éviter qu'elles n'attachent.

2 Pendant ce temps, versez le jus de citron, le zeste et 6 c. à s. d'huile d'olive dans un saladier. Ajoutez les câpres, le thon en gros morceaux et le persil ciselé. Salez. Une minute avant la fin de la cuisson des pâtes, prélevez une petite louche d'eau de cuisson et versez-la dans le saladier en mélangeant bien pour créer une émulsion.

3 Égouttez les pâtes, versez-les dans le saladier et mélangez rapidement. Poivrez et servez aussitôt.

CONSEILS ET VARIANTES

• Je vous conseille vivement d'utiliser des pâtes de blé dur, longues et lisses ; des pâtes courtes et rayées absorberaient trop de sauce et le plat perdrait tout son charme.

• Pour encore plus de saveur, vous pouvez laisser mariner le thon, le citron et les câpres une heure avant d'assaisonner les pâtes.

• Vous pouvez aussi ajouter quelques tomates cerises, d'autres herbes, des olives mais, dans ce cas, la saveur du thon sera moins présente.

• Pour cette recette, évitez le thon en boîte émietté et optez pour du thon de qualité, c'est l'élément clé de la réussite.

Espadon a sfincione

Ce plat typiquement sicilien sent bon la Méditerranée et séduit par sa simplicité et par l'alchimie des ingrédients : la fraîcheur des herbes et du jus de citron, les restes de pain qui vont absorber tous les parfums, l'oignon rouge qui apporte de la douceur.

Son nom s'inspire d'une sorte de *focaccia* traditionnelle de l'île, le *sfincione*, à base de tomates et d'oignons. Ici, la base de pâte à pain disparaît, remplacée par du poisson pour donner naissance à un plat plus léger et très agréable.

POUR 4 PERSONNES

PRÉPARATION : 10 MIN — CUISSON : 20 MIN

• 4 tranches d'espadon de 1 cm d'épaisseur • 400 g de tomates mûres (type cœur de bœuf) • 150 g de pain rassis coupé en dés (ou réduit en chapelure) • 1 gros oignon rouge • le jus d'1 citron jaune • origan • graines de fenouil (dans l'idéal, sauvage) • persil plat • huile d'olive vierge extra • sel, poivre.

1 Préchauffez le four à 200 °C. Versez la moitié du jus de citron sur les tranches d'espadon. Posez-les les unes à côté des autres dans un plat à four. Salez et saupoudrez d'un peu d'origan et de fenouil.

2 Lavez les tomates, retirez le pédoncule et concassez-les. Assaisonnez-les avec 1 c. à s. d'huile d'olive, une pincée d'origan et de fenouil. Épluchez et émincez l'oignon.

3 Répartissez uniformément les tomates, l'oignon et le pain sur les tranches d'espadon. Saupoudrez de persil ciselé, ajoutez 3 c. à s. d'huile d'olive et le reste du jus de citron. Salez et poivrez.

4 Laissez gratiner 15 minutes environ. Servez chaud ou à température ambiante.

CONSEILS ET VARIANTES

• À la place de l'espadon, vous pouvez utiliser des tranches de thon frais ou même un autre poisson (un filet de bar, par exemple), pourvu qu'il soit un peu épais.

• Vous pouvez utiliser de la chapelure mais, personnellement, je préfère laisser le pain en morceaux pour le contraste de textures.

• Pour un résultat encore plus étonnant et parfumé, arrosez le poisson d'un mélange de jus de citron et d'orange puis d'un peu d'huile d'olive à la mandarine ou au cédrat (en épicerie fine).

• Ce plat se conserve une demi-heure à température ambiante.

LE VEAU

✲ ✲ ✲

Le veau, délicat et festif, réconcilie souvent tout le monde avec la viande. C'est l'ingrédient principal de nombreux plats fétiches à la maison, comme les roulés minute, le *vitello tonnato*, l'osso buco, ou les tajines aux légumes.

Saisonnalité

Quand on parle de veau, il s'agit du petit de la vache âgé de moins d'un an (il est abattu entre 3 et 10 mois) et qui a été nourri au lait (d'où la blancheur de sa viande). Bien qu'on trouve de la viande de veau toute l'année, la meilleure période va d'avril à août. Pour une chair d'exception, privilégiez le veau élevé sous sa mère, comme le veau du Limousin.

Choisissez les morceaux selon les types de cuisson.
Pour des escalopes ou certains rôtis : optez pour de la noix de veau, du grenadin, du tendron ou du jarret.
Pour des plats mijotés : prenez des morceaux de jarret, de collier, de flanchet, de poitrine, ou même de joue (notamment pour la daube).

Et si vous aimez les abats, achetez le délicat foie de veau ou encore du ris de veau, qui demandent une cuisson rapide.

Une longue histoire

Alors que l'agneau est une des viandes les plus répandues en Méditerranée, notamment pour sa facilité d'élevage dans des zones géographiques difficiles, le veau, viande bouchère et beaucoup plus chère, a toujours été considéré comme la viande d'exception, réservée aux jours de fête.
Depuis l'Antiquité, le veau est symbole d'opulence mais également d'attachement aux choses matérielles, comme le montre l'épisode biblique du Veau d'or.

Autour de la Méditerranée

Le veau est présent dans toutes les cuisines du Bassin méditerranéen sous différentes formes et cuissons. On le retrouve mijoté dans les tajines marocains, en fricassée en Grèce ou en Turquie, sauté ou en brochettes (notamment de foie) au Liban. En Espagne, il est cuisiné sous forme de boulettes (*albondigas*), et en Italie, de roulades (p. 147) ou rôti (comme le *vitello tonnato*, p. 150).

> ITALIE

ROULÉS DE VEAU MINUTE À L'ITALIENNE (INVOLTINI)

Pour 4 personnes

- Faites couper par votre boucher 12 tranches de grenadin de veau bien fines. Déposez sur chacune 1 morceau de tomate séchée à l'huile, 1 petite tranche de fromage de brebis (ou de mozzarella bien égouttée) et 1 feuille de sauge.
- Roulez la viande et enrobez-la d'1 tranche très fine de jambon cru, de pancetta ou de coppa. Fixez le tout avec une pique en bois.
- Faites sauter 6 roulés à la fois dans une poêle bien chaude dans 4 c. à s. d'huile d'olive 4 minutes environ. Retirez-les (ne salez pas, les autres ingrédients le sont suffisamment), déglacez la poêle avec un demi-verre de vin blanc sec. Servez les roulés bien chauds avec la sauce.

> LIBAN

BROCHETTES DE VEAU À LA LIBANAISE

Pour 8 brochettes

- Mélangez 1 gousse d'ail coupée en quatre, 1 petit oignon rouge ciselé, 1 c. à s. de jus de citron, 1 c. à s. de yaourt nature, 3 c. à s. d'huile d'olive. Ajoutez 1 pincée de coriandre en poudre, 1 pincée de sumac (ou de za'atar) et 1 pincée de cumin.
- Enrobez 800 g de jarret de veau, coupé en dés égaux, de cette marinade. Salez, poivrez et faites reposer 1 heure à couvert et au frais. Égouttez la viande et montez les brochettes sur des piques en bois en alternant la viande avec des morceaux de poivron rouge ou vert.
- Faites cuire 2 minutes environ de chaque côté sur un gril très chaud ou une plancha. Servez immédiatement.

ASSOCIATIONS IDÉALES

CLASSIQUES

Mijoté avec des légumes de printemps ou d'été : tomates, poivrons, courgettes, artichauts, fèves, pommes de terre.

Roulé et farci d'autres légumes, de charcuterie, de parmesan ou de mozzarella.

Mariné et grillé, avec des herbes fraîches (menthe, coriandre, persil, romarin, sauge) et/ou des épices (cumin, cannelle, sumac, paprika).

INSOLITES

Rôti, accompagné d'une sauce à base de fruits secs (amandes, noix, noisettes, pignons...), mixés avec de l'huile d'olive.

Mijoté, avec des fruits (pommes, poires, coings, prunes, pêches...).

Tajine de veau aux légumes de printemps

⁂

Le tajine, d'origine berbère, est le plat emblématique de l'Afrique du Nord. Le nom désigne tant le récipient que le plat, mijoté dans ces magnifiques objets au couvercle conique où l'on imagine la vapeur et les mille parfums qui circulent secrètement pendant la cuisson. Un régal extrêmement facile à réaliser et déclinable à l'infini !

POUR 4 PERSONNES

PRÉPARATION : 20 MIN — CUISSON : 1 H

• 800 g de jarret de veau coupé en morceaux • 200 g de petits pois frais (ou surgelés) • 200 g de fèves pelées fraîches (ou surgelées) • 4 carottes nouvelles • 2 pommes de terre moyennes • 1 oignon jaune • 2 c. à s. de coriandre fraîche ciselée • 1 pincée de coriandre • 1 pincée de cumin • 1 pincée de paprika • 1 pincée de safran • huile d'olive vierge extra • sel, poivre.

1 Dans un tajine (ou une cocotte à fond épais), versez 3 c. à s. d'huile d'olive et faites colorer à feu vif les morceaux de viande de tous côtés. Retirez-les et gardez-les au chaud.

2 Dans le même tajine, faites revenir l'oignon émincé avec 2 c. à s. d'huile d'olive. Dès qu'il fond un peu, ajoutez les épices puis les pommes de terre et les carottes épluchées et coupées en dés. Couvrez d'eau à hauteur et faites cuire 5 minutes.

3 Ajoutez le veau et mélangez. Couvrez et laissez cuire à petits bouillons 40 minutes environ, le temps que la viande devienne tendre. Si le liquide s'évapore trop vite, ajoutez un peu d'eau.

4 Ajoutez les petits pois, les fèves et la coriandre. Laissez cuire encore 5 à 10 minutes. Salez et poivrez. Servez chaud.

CONSEILS ET VARIANTES

• Vous pouvez remplacer le veau par du bœuf ; dans ce cas, le temps de cuisson sera plus long (au moins 1 h 20).
• Vous pouvez varier les légumes selon la saison (tomates, asperges…) et ajouter des olives violettes ou vertes en fin de cuisson.
• Le tajine peut se préparer à l'avance, ou même la veille : il est encore meilleur réchauffé !

Vitello tonnato

⁂

Le *vitello tonnato* (*vitel tonnè*, dans le Piémont) est un de ces plats italiens mythiques, indémodables et incontournables sur les buffets d'été.

Il existe depuis plus de deux siècles mais à l'origine, il ne contenait pas de thon ! C'est sa texture finale, rappelant celle de ce poisson, qui lui a donné son nom. Ce n'est qu'au XXe siècle qu'est née la sauce au thon et aux câpres qui donne un charme fou à ce plat.

POUR 6 PERSONNES

PRÉPARATION : 25 MIN – CUISSON : 1 H 30 – REPOS : 3 H

Pour la viande marinée • 800 g de noix de veau (ou de gîte) ficelée en rôti • 1 carotte • 1 branche de céleri • 1 oignon • 2 verres de vin blanc sec • 1 feuille de laurier • sel • poivre en grains • huile d'olive vierge extra. **Pour la sauce** • 2 jaunes d'œufs extra-frais • 10 cl d'huile d'olive • le jus de 2 citrons jaunes • 200 g de ventrèche de thon (de bonne qualité, en bocal) • 50 g de câpres au vinaigre • 20 feuilles de persil • 2 anchois à l'huile d'olive • sel, poivre • vinaigre (facultatif).

1 Préparez la marinade pour la viande plusieurs heures à l'avance. Lavez la carotte et le céleri, ôtez les feuilles du céleri et pelez l'oignon. Coupez-les en dés et mettez-les dans un plat creux. Ajoutez le vin, la feuille de laurier, le sel et le poivre. Faites mariner la viande, recouverte de film alimentaire, pendant 3 heures, en prenant soin de la retourner de temps en temps.

2 Dans une grande cocotte à fond épais, faites chauffer 5 c. à s. d'huile d'olive et faites rissoler la viande de tous côtés. Elle doit bien colorer. Ajoutez la marinade et salez.

3 Laissez cuire à couvert et à feu doux pendant 1 h 30. La viande doit devenir tendre. Retirez-la de la cocotte et laissez-la refroidir. Si vous ne la consommez pas le jour même, vous pouvez la conserver au réfrigérateur, dans une assiette, recouverte de film alimentaire au contact, jusqu'au lendemain.

4 Filtrez le jus de cuisson ; gardez-en 3 c. à s. et réservez quelques morceaux de carotte et de céleri.

5 Fouettez les jaunes avec 1 c. à s. d'huile et 1 c. à s. de jus de citron. Incorporez peu à peu l'huile d'olive restante (en filet, comme pour une mayonnaise), en veillant à ce que la quantité précédente ait été absorbée, afin d'obtenir une crème homogène, un peu plus liquide qu'une mayonnaise.

6 Ajoutez le reste de jus de citron. Mixez le thon avec les anchois, les câpres et le persil, en ajoutant le jus de cuisson réservé et les dés de carotte et céleri. Vous obtiendrez une sorte de purée épaisse. Incorporez-la à la mayonnaise. Salez, poivrez et ajoutez éventuellement du vinaigre selon votre goût.

7 Coupez la viande en tranches fines et servez à température ambiante, avec la sauce.

FROMAGES

LA FETA

LA MOZZARELLA

LE PARMESAN

LA RICOTTA, LE BROCCIU
ET LA BROUSSE

LA FETA

✻ ✻ ✻

La feta, ce fromage immaculé et granuleux, me renvoie immanquablement à mes vacances en Grèce : la lumière éblouissante, les repas en plein air, les innombrables salades ou tourtes que nous mangions presque tous les jours sans jamais nous lasser...

Fabrication, choix et conservation

La feta est un fromage frais produit en Grèce, composé de lait de brebis et parfois de lait de chèvre (à hauteur de 30 % maximum), à pâte molle, sans croûte. Il est affiné au moins deux mois et conservé en saumure. Aujourd'hui, la feta grecque est protégée par une AOP. Les produits similaires, fabriqués ailleurs qu'en Grèce (à base généralement de lait de vache), ne peuvent plus porter le nom de « feta ».

Vous trouverez la feta en grande surface mais elle sera beaucoup plus goûteuse si vous l'achetez fraîche chez le fromager ou dans une épicerie orientale.

La feta se conserve quelques semaines au frais, à condition d'être recouverte d'eau salée et placée dans un récipient bien fermé. Elle sera ainsi protégée des bactéries et ne séchera pas.

Une longue histoire

Selon Homère, c'est le cyclope Polyphème qui aurait fabriqué le premier un fromage à base de lait caillé de brebis, ancêtre de la feta. Le mot *feta*, qui signifie « tranche » en grec, est probablement lié au fait qu'on coupe ce fromage en tranches pour le conserver dans des tonneaux ou pour le consommer.

Autour de la Méditerranée

La feta est sûrement le fromage frais de brebis le plus connu mais il en existe d'autres assez similaires tout autour de la Méditerranée : le *beyaz beynir* en Turquie, le *halloumi* à Chypre (à la texture plus souple), ou l'*akkavi* au Liban et en Syrie.

Ces fromages sont le plus souvent servis comme *mezzé*, seuls ou assaisonnés, ou bien avec des salades de légumes frais, et font aussi office de farce dans les tourtes.

Plein d'idées pour la cuisiner

> GRÈCE

CREVETTES SAGANAKI

Pour 4 personnes

- Dans une casserole, faites revenir 1 oignon et 2 gousses d'ail émincées avec 3 c. à s. d'huile d'olive. Dès qu'ils commencent à colorer, ajoutez 400 g de tomates bien mûres en morceaux et les feuilles d'un demi-bouquet de persil plat.
- Faites cuire une quinzaine de minutes à feu moyen. Retirez la tête et la queue de 12 crevettes et ajoutez-les à la sauce. Laissez cuire 3 minutes à couvert puis ajoutez 120 g de feta émiettée. Poivrez et servez.
- Vous pouvez aussi faire gratiner 5 minutes à 220 °C.

> GRÈCE

DIP DE FETA

Pour 6 personnes

- Faites tremper 400 g de feta dans un peu de lait de manière à l'adoucir. Égouttez-la et écrasez-la à la fourchette ou au mixeur.
- Ajoutez un petit piment rouge (frais ou sec), le jus et le zeste d'un citron jaune et 4 à 5 c. à s. d'huile d'olive vierge extra.
- Fouettez le fromage pour qu'il devienne crémeux, ajoutez 2 c. à s. de yaourt grec pour plus de moelleux. Poivrez et servez avec du pain grillé.
- Cette base est variable à l'infini : vous pouvez y ajouter un poivron grillé (p. 37), une aubergine grillée (p. 17) ou encore des herbes aromatiques...

ASSOCIATIONS IDÉALES

CLASSIQUES

En salade, coupée en tranches ou en dés, avec des légumes crus : concombre, tomates, poivrons, oignons rouges, pommes de terre... (accompagné d'un verre d'ouzo, bien sûr !).

Marinée, avec de l'huile d'olive et des herbes aromatiques : persil, menthe, basilic, thym, coriandre.

En garniture de tartes ou de feuilletés, associée à des légumes : courgettes, épinards (voir p. 156), tomates...

Associée à d'autres fromages plus doux comme la ricotta ou le chèvre frais, pour farcir des légumes (poivrons, artichauts...).

Avec l'agneau (boulettes, p. 158), les coquillages et les crustacés.

INSOLITES

En salade, avec des fruits : pastèque, melon, pêches, abricots, assaisonnée de jus de citron et d'orange.

Spanakopita

⁂

Qui de nous n'est pas tombé sous le charme de ces tourtes salées à la pâte croustillante et aérienne que l'on trouve sur tout le pourtour méditerranéen ? Les couches de pâte extra-fines cachent une farce gourmande, souvent légère, et à base de légumes et de fromage ou de viande.

La *spanakopita* en est la version grecque la plus connue, à base d'épinards et de feta, et c'est peut-être une de mes préférées. Une belle façon de valoriser la feta et de rendre les épinards attrayants ! Je me souviens que nous la dégustions, affamés, au retour de la plage, dans le jardin, avec quelques légumes grillés et une salade.

POUR 6 PERSONNES

PRÉPARATION : 30 MIN — CUISSON : 45 MIN

• 600 g de pousses d'épinards fraîches • 260 g de feta • 2 œufs • les feuilles d'un bouquet de persil plat • quelques feuilles d'aneth • le vert d'un oignon nouveau • 16 feuilles de pâte filo • huile d'olive vierge extra • sel, poivre.

1 Préchauffez le four à 180 °C. Lavez puis faites sauter les épinards dans une casserole sans matière grasse et mélangez-les quelques minutes le temps qu'ils « tombent » et perdent un peu d'eau. Égouttez-les et coupez-les au couteau.

2 Émiettez la feta dans un saladier puis ajoutez les épinards, les herbes ciselées et mélangez. Incorporez les œufs, salez et poivrez.

3 Badigeonnez un moule à manqué d'huile d'olive. Posez une feuille de pâte filo au fond du moule et badigeonnez-la d'huile d'olive. Procédez de même avec 8 autres feuilles (elles dépasseront du moule, c'est normal). Étalez ensuite la farce et recouvrez avec les autres feuilles de pâte filo, déposées une à une et badigeonnées à chaque fois d'huile d'olive. Repliez les bords de pâte sur la tourte, badigeonnez encore d'huile et enfournez une quarantaine de minutes. La pâte doit dorer et devenir croustillante.

4 Laissez à peine tiédir puis démoulez délicatement et servez avec une salade. La *spanakopita* se conserve à température ambiante jusqu'au lendemain. Il suffira de la réchauffer un peu au four.

CONSEILS ET VARIANTES

• Au lieu de réaliser une tourte, formez des triangles saupoudrés de graines de sésame : très pratique à emporter à la plage ou en pique-nique.

• Au fromage (*tyropita*) : le procédé est le même mais la farce est composée d'un œuf, de 300 g de feta, de 150 g de ricotta et de 3 c. à s. de lait. Vous pouvez aussi ajouter des herbes pour la parfumer.

• Avec d'autres légumes : vous pouvez farcir la tourte avec 700 g de chair d'aubergines cuite (selon la même méthode que pour le caviar d'aubergines, p. 17), 80 g de feta, du persil, un gros œuf entier, un oignon haché et un peu de lait.

Kefta d'agneau à la feta et tzatziki

⁂

Les *kefta* (ou *köfta*) sont des boulettes... mais elles peuvent aussi avoir une forme allongée, ou aplatie, ou encore être servies en brochettes. Vous les rencontrerez tout autour de la Méditerranée, de la Turquie à l'Afrique du Nord, et vous pourrez difficilement y résister !
Les boulettes que je vous propose ici ont une âme grecque, grâce à l'agneau, à la feta et bien sûr à l'incontournable tzatziki. Inutile de vous dire qu'elles sont à tomber !

POUR 6 PERSONNES

PRÉPARATION : 20 MIN — CUISSON : 10 MIN — REPOS : 2 H

Pour le tzatziki • 500 g de yaourt à la grecque de bonne qualité (marque Total) • 2 petits concombres • 2 gousses d'ail • le jus d'1 citron jaune • quelques brins d'aneth ou quelques feuilles de menthe • huile d'olive vierge extra • piment en poudre • sel. **Pour les kefta** • 450 g d'épaule d'agneau hachée • 100 g de feta • 2 c. à s. de persil ciselé • 2 c. à s. de menthe ciselée • 1 gousse d'ail hachée • 50 g de mie de pain rassis • 3 œufs • huile d'arachide pour bain de friture ou huile d'olive • chapelure • sel, poivre.

1 Préparez le tzatziki à l'avance (ou même la veille). Versez le yaourt dans une passoire tapissée de deux gazes stériles et posée sur un récipient. Laissez-le s'égoutter pendant 2 heures.

2 Épluchez les concombres et râpez-les. Mélangez le concombre, l'ail, le piment et les herbes au yaourt bien égoutté. Ajoutez le jus de citron, un filet d'huile d'olive et salez.

3 Mixez la viande avec la mie de pain, un œuf, l'ail et les herbes, afin d'obtenir une pâte homogène. Ajoutez la moitié de la feta effritée, salez et poivrez. À l'aide de vos mains humides, formez des boulettes aplaties de 6 cm de diamètre. Insérez au centre de chaque boulette un morceau de feta puis refermez.

4 Passez les boulettes dans les œufs battus puis dans la chapelure. Dans une casserole profonde, chauffez le bain d'huile à 170 °C (si l'on y jette un morceau de pain, de petites bulles doivent se former) puis plongez-y 5 boulettes à la fois et faites-les dorer de tous les côtés. Égouttez sur du papier absorbant, salez et servez aussitôt avec le tzatziki.

CONSEILS ET VARIANTES

Remplacez l'agneau par un mélange de bœuf et de veau ou de bœuf et de porc haché. Vous pouvez faire cuire les boulettes au four à 180 °C, badigeonnées d'huile d'olive, mais elles seront alors moins moelleuses.

LA MOZZARELLA

Quel emblème italien que ce fromage frais, nacré et lacté ! La mozzarella est mondialement connue et pourtant méconnue, car déguster la vraie mozzarella de bufflonne, à la saveur de lait et d'herbe et à la texture ferme, est un privilège réservé à ceux qui vivent ou se rendent dans la région de production.

Fabrication et conservation

Le nom mozzarella provient du verbe *mozzare*, qui signifie « couper », généralement à la main. Il s'agit d'un fromage frais, ou plutôt d'un laitage (puisqu'il n'est pas du tout affiné), constitué d'une pâte cuite dans de l'eau très chaude puis travaillée à la main jusqu'à ce qu'elle devienne filée. C'est à ce moment-là qu'on la coupe.
L'idéal est de la consommer le jour même de sa fabrication, à température ambiante et conservée dans son eau. La mozzarella n'aime pas le froid, qui modifie sa texture (elle devient molle) et anéantit sa saveur.
Si la mozzarella est artisanale, consommez-la dans les trois jours en la conservant dans son eau à température ambiante ou, en tout cas, en la plongeant, avec tout le sachet, dans de l'eau tiède avant de la déguster. Si elle n'est plus très fraîche, cuisinez-la.

Une longue histoire

La fabrication de la mozzarella au sud de l'Italie remonte à plus de mille ans mais, du fait de sa fraîcheur et donc de sa difficulté de conservation, elle a été pendant longtemps consommée uniquement dans sa zone de production. Ce n'est qu'au début du XXe siècle qu'elle rencontre un succès mondial qui ne s'est jamais démenti depuis.
La zone de production artisanale est concentrée en Campanie (le berceau), au sud du Latium et dans les Pouilles.
La mozzarella authentique et la plus goûteuse est la *mozzarella di bufala* (ou même mozzarella tout court), composée de lait de bufflonne et dont le nom est protégé par une AOP. Celle fabriquée à base de lait de vache est appelée en Italie *fior di latte* (fleur de lait).

La mozzarella et ses cousins

À partir de la mozzarella, les hommes ont inventé d'autres fromages qui se conservent plus longtemps. Ainsi, la mozzarella fumée (à la peau dorée) se garde quelques jours ; quant à la *scamorza*, blanche ou fumée, c'est une mozzarella qui a été séchée (et parfois fumée). Elle est affinée au moins un mois, a une texture douce et une saveur laiteuse. On l'utilise beaucoup fondue sur du pain ou dans des gratins.

Plein d'idées pour la cuisiner

> ITALIE

SALADE DE MELON, CERISES ET MOZZARELLA FUMÉE

Pour 4 personnes

- Coupez en dés un melon mûr et parfumé. Dénoyautez 20 cerises (type bigarreaux) et mélangez-les avec le melon.
- Ajoutez 400 g de mozzarella fumée coupée en tranches puis assaisonnez le tout avec un filet d'huile d'olive, du sel, du poivre et quelques feuilles de menthe. Servez aussitôt.

> ITALIE

PETITES MOZZARELLAS FRITES

Pour 4 personnes

- Égouttez et essuyez 400 g de petites boules de mozzarella. Préparez 3 assiettes : la première avec de la farine, la deuxième avec 2 œufs entiers battus, la troisième avec de la chapelure. Roulez chaque boule dans la farine, puis dans l'œuf, et enfin dans la chapelure, et répétez l'opération uniquement avec l'œuf et la chapelure.
- Dans une casserole profonde, faites chauffer de l'huile d'arachide à 170 °C (vérifiez la température en y plongeant un morceau de pain : des bulles doivent se former). Plongez-y 5 petites boules de mozzarella à la fois et faites-les dorer de tous côtés en évitant de trop les manipuler. Répétez l'opération autant de fois que nécessaire. Égouttez sur du papier absorbant, salez et servez (attention, c'est chaud !).

ASSOCIATIONS IDÉALES

CLASSIQUES

En gratin ou en sauce, avec d'autres légumes : tomates, poivrons, aubergines, fenouil, potiron.

En farce, avec des viandes ou de la charcuterie : agneau, porc, volaille, bœuf, jambon cru, mortadelle, saucisson.

Gratinée, avec des poissons de Méditerranée : anchois, sardines, maquereaux.

En salade, avec des herbes fraîches et épices : basilic, persil, menthe, thym, piment, ras el-hanout, sumac.

INSOLITES

Crue, en salade, avec des fruits : fraises, pêches, abricots, melon, cerises, pastèque.

Gnocchi alla sorrentina

❊ ❊ ❊

Avec ces *gnocchi*, on se sent immédiatement en Italie, sur une terrasse de Sorrento ou de Capri, au soleil couchant. Ces *gnocchi* gratinés, qui mettent en valeur le trinôme symbolique tomates-mozzarella-basilic, sont un grand classique que vous trouverez souvent en trattoria. Un vrai plat réconfortant que ces *gnocchi* fondants enrobés par cette sauce si parfumée et légère.

POUR 4 PERSONNES

PRÉPARATION : 25 MIN — CUISSON : 1 H

Pour les gnocchi • 600 g de pommes de terre farineuses (bintje) de même taille • 150 g de farine + un peu pour le plan de travail • 1 jaune d'œuf • 1 pincée de noix de muscade • sel, poivre. **Pour la sauce tomate** • 600 g de tomates pelées en boîte de qualité ou 700 g de tomates fraîches • 180 g de mozzarella de vache de qualité, bien égouttée, coupée en dés • 1 petit oignon rouge ou 1 gousse d'ail • 1 vingtaine de feuilles de basilic • huile d'olive vierge extra • sel, poivre.

1 Dans une casserole à fond épais, faites rissoler l'oignon ou l'ail émincé dans 3 c. à s. d'huile d'olive. Dès qu'il colore, ajoutez les tomates coupées en dés. Faites cuire à petits bouillons pendant 15 minutes, ajoutez 10 feuilles de basilic ciselées et laissez cuire encore 5 à 10 minutes. Éteignez le feu et ajoutez 4 à 5 feuilles de basilic. Salez, poivrez et couvrez.

2 Faites cuire les pommes de terre entières, en démarrant la cuisson à l'eau froide, pendant 40 minutes environ. Égouttez-les, puis pelez-les encore chaudes. Passez-les au presse-purée ou au moulin à légumes posé sur un grand saladier. Laissez tiédir.

3 Ajoutez la farine, formez un puits et versez le jaune d'œuf. Commencez à travailler la pâte en ajoutant le sel, le poivre et la noix de muscade. Vous devez obtenir un pâton lisse, homogène et souple (ne le malaxez pas trop). S'il est trop mou, ajoutez un peu de farine.

4 Coupez une tranche de pâte, formez un boudin de 1 cm de large sur un plan de travail fariné, et détaillez-le en morceaux de 1,5 cm de long. Farinez-les et déposez-les sur une plaque en bois, un tissu ou du papier cuisson, bien farinés. Procédez de même avec le reste de pâte.

5 Préchauffez le four à 200 °C. Dans une casserole, portez à ébullition une grande quantité d'eau puis salez-la. Plongez délicatement les *gnocchi* dans l'eau bouillante et laissez-les cuire quelques minutes, le temps qu'ils remontent tous à la surface. Égouttez-les avec une écumoire, puis ajoutez-les à la sauce tomate avec un peu d'huile d'olive. Mélangez délicatement en incorporant la moitié de la mozzarella.

6 Versez le tout dans plat à four rectangulaire, parsemez du reste de mozzarella et faites gratiner quelques minutes. Parsemez de feuilles de basilic et servez.

Pizza aux cèpes, mozzarella et scamorza fumée

Quelle belle invention que la pizza ! Telle que nous la connaissons aujourd'hui, elle est née à Naples il y a plus d'un siècle et son succès n'a jamais cessé. Cette version, qui utilise les premiers cèpes d'août, est une de mes préférées : c'est celle que je déguste toujours en Italie. J'y ai ajouté de la *scamorza* fumée pour apporter une saveur plus typée.

POUR 4 PERSONNES

PRÉPARATION : 25 MIN — CUISSON : 10 MIN — REPOS : DE 12 H À 24 H

Pour la pâte à pizza • 400 g de farine riche en gluten (gruau, manitoba ou T45) • 6 g de sel • 1 c. à c. de sucre • 1 c. à s. d'huile d'olive • 22 cl d'eau • 3 g de levure sèche de boulanger ou 9 g de levure fraîche. **Pour la garniture** • 300 g de cèpes frais nettoyés ou 400 g de cèpes surgelés • 300 g de mozzarella de bufflonne bien égouttée, coupée en morceaux • 150 g de *scamorza* fumée coupée en dés • huile d'olive vierge extra • sel, poivre.

1 Dans un saladier, mélangez la farine avec le sel, le sucre et l'huile d'olive. Dans un verre, mélangez la levure avec 5 cl d'eau et laissez reposer 5 minutes. Versez ce mélange dans la farine puis commencez à pétrir en rajoutant le reste de l'eau (17 cl) jusqu'à ce que la pâte devienne souple, lisse et se détache des parois. Posez-la sur un plan de travail légèrement fariné et travaillez-la à nouveau pendant 5 à 10 minutes en la repliant plusieurs fois sur elle-même, jusqu'à ce qu'elle devienne très souple. Formez un pâton, remettez-le dans un grand saladier, couvrez de film alimentaire ou d'un torchon humide et placez le tout au frais une nuit.

2 Le lendemain, préchauffez le four à 280 °C chaleur statique (ou la plus haute température de votre four).

3 Rincez rapidement les cèpes et coupez-les en fines tranches. Faites-les sauter une minute à la poêle avec un peu d'huile d'olive, salez et poivrez.

4 Remettez la pâte à pizza sur un plan de travail fariné et divisez-la en 4 boules. Étalez-les pour obtenir 4 disques d'½ cm à 1 cm d'épaisseur.

5 Répartissez la mozzarella, les cèpes et la *scamorza* sur les pizzas. Salez, poivrez et ajoutez un filet d'huile d'olive.

6 Laissez reposer 8 minutes puis enfournez les pizzas, deux à la fois, dans le bas du four, pendant une dizaine de minutes. Les bords doivent un peu gonfler, former une croûte, et la garniture doit dorer.

CONSEILS ET VARIANTES

Si vous êtes pressé, vous pouvez préparer la pâte à pizza le jour même, en ajoutant 2 g de levure supplémentaires. Faites-la lever à température ambiante au moins 2 heures (elle doit doubler de volume) avant de l'étaler et de la garnir.

LE PARMESAN

Granuleux, à la saveur douce et salée à la fois, intense... Pour moi, le *parmigiano reggiano* est un fromage mythique à déguster toute l'année et à tout âge. D'ailleurs, en Italie, il est considéré comme le roi des fromages.

Fabrication, choix et conservation

Conformément au cahier des charges, les vaches laitières sont élevées et nourries avec du fourrage local. Le *parmigiano reggiano* se présente sous forme de meules d'une quarantaine de kilos. Saviez-vous qu'il faut 16 litres de lait pour produire 1 kg de parmesan ? Et 550 litres de lait pour produire une meule ?

Pour être commercialisé, le parmesan doit être affiné au moins 12 mois. Celui qu'on trouve le plus souvent a entre 20 et 24 mois d'affinage, mais il peut être affiné jusqu'à 36 mois. Cet affinage va lui donner son goût et sa texture unique et le rendre extrêmement digeste (on le recommande aux enfants, femmes enceintes et personnes âgées).

Le parmesan jouit de l'appellation AOP depuis 1996, qui garantit la provenance et la qualité ; vous pouvez donc acheter le parmesan aussi bien en grande surface que chez le fromager. Toutefois, privilégiez le fromager et achetez des morceaux entiers : ils se gardent mieux et ont plus de goût.

Si vous souhaitez une saveur douce, prenez du parmesan de 18 mois d'affinage. Pour une saveur plus affirmée, optez pour le parmesan de 24 mois, si possible d'été. C'est mon préféré. Enfin, si vous aimez les saveurs fortes et typées, choisissez le parmesan vieux, de 36 mois.
Une fois acheté, conservez-le au réfrigérateur recouvert d'un linge et ne le râpez qu'au moment de l'utiliser. Si le morceau est gros (autour de 400 g), il se garde ainsi plusieurs jours, voir une à deux semaines.
Le parmesan n'aime pas la congélation : elle modifie sa texture et lui fait perdre son goût.

Une longue histoire

Le *parmigiano reggiano* est produit de manière totalement naturelle (sans additifs ni conservateurs) depuis plus de neuf siècles en Émilie-Romagne, et plus précisément dans les provinces de Parme, Reggio Emilia, Modène, Mantoue et Bologne, toujours dans les mêmes lieux et avec le même savoir-faire.

Plein d'idées pour le cuisiner

> ITALIE

CRÈME DE PARMESAN

Pour 4 personnes

- Mélangez dans une casserole 15 cl de crème fleurette, 5 cl de lait frais entier et 100 g de parmesan râpé (18 à 24 mois). Chauffez à feu très doux tout en mélangeant jusqu'à ce que la sauce épaississe et nappe la cuillère. Servez immédiatement ou gardez au chaud (au bain-marie), juste le temps de dresser le plat.
- Servez en accompagnement d'un filet de veau ou de porc sauté à la poêle ou avec des légumes à la vapeur.

> ITALIE

SALADE DE FENOUIL, ÉPINARDS ET NOISETTES

Pour 4 personnes

- Préparez la vinaigrette en mélangeant 3 c. à s. d'huile d'olive avec 1 c. à s. de vinaigre balsamique, une pincée de sel et de poivre. Lavez 2 fenouils, éliminez les parties les plus coriaces, puis coupez-les en tranches très fines. Lavez et coupez en tranches fines une pomme (royal gala ou granny smith).
- Dressez les assiettes en alternant des tranches de fenouil, de pomme et des pousses d'épinards (une grosse poignée en tout). Parsemez de 80 g de parmesan en copeaux, 50 g de noisettes, torréfiées à la poêle ou au four, et coupées en deux. Assaisonnez la salade avec la vinaigrette. Servez de suite.

ASSOCIATIONS IDÉALES

CLASSIQUES

En copeaux, dans une salade mélangée avec des fruits (pommes, poires, raisins, pêche).

En sauce, avec des viandes grillées ou rôties : agneau, bœuf, porc, poulet.

Râpé, sur les plats de pâtes à la sauce tomate ou blanche (carbonara, par exemple), un risotto au safran, un œuf cocotte avec des asperges ou des champignons sauvages sautés.

Dans un pesto, pilé avec des herbes et des fruits secs (basilic, persil, coriandre, amandes, pignons, noisettes...).

Comme finition ou comme liant, dans une soupe (p. 168), mélangé à un peu de chapelure sur un gratin de pâtes ou de légumes, ou encore dans la farce d'un rôti.

INSOLITES

Dans des boulettes de poisson blanc ou de sardines.

Dans une *panna cotta* ou une crème glacée servie avec des fraises, des abricots ou des figues.

Soupe de fenouil au parmesan

Le parmesan a toujours été l'ami des légumes. J'aime particulièrement l'associer à la fraîcheur du fenouil, cru (comme dans la salade page précédente), ou cuit. Je trouve que son côté laiteux et doux rend le tout plus gourmand. Et puis le fenouil est profondément méditerranéen, il évoque les promenades au soleil et le parfum du maquis.

Cette soupe est un de mes classiques à la maison. À la fois très simple, essentielle et raffinée. Le fenouil devient doux et crémeux grâce au parmesan. Pour apporter un peu de croquant, j'y ajoute des pignons et des pistaches. Et en touche finale, j'ajoute quelques gouttes d'huile aromatisée à la mandarine : un délice !

POUR 2 À 4 PERSONNES

PRÉPARATION : 10 MIN — CUISSON : 25 MIN

• 2 gros fenouils (ou 3 moyens) • 1 échalote • 1 c. à s. de graines de fenouil • 6 à 8 c. à s. de parmesan (affiné 18 ou 24 mois) • huile d'olive vierge extra (nature ou à la mandarine) • sel, poivre • pistaches et pignons de pin pour garnir.

1 Retirez la base et les parties les plus coriaces des fenouils, en gardant un peu du plumet vert pour la garniture. Coupez-les en petits morceaux.

2 Dans une casserole, faites revenir l'échalote émincée avec 3 c. à s. d'huile d'olive et les graines de fenouil. Ajoutez le fenouil et faites revenir à feu vif pendant 2 minutes. Couvrez d'eau à hauteur. Laissez cuire à feu doux 20 minutes environ, ajoutez une ou deux louches d'eau en cours de cuisson puis passez la soupe au mixeur jusqu'à obtenir une consistance lisse. Remettez la soupe sur le feu et ajoutez-y le parmesan en mélangeant jusqu'à ce qu'il fonde. Salez et poivrez.

3 Versez la soupe chaude ou tiède dans les assiettes, décorez du plumet de fenouil, ajoutez quelques gouttes d'huile d'olive, du parmesan, parsemez de quelques pignons et pistaches et servez.

CONSEILS ET VARIANTES

• Pour une version moins végétale, servez cette soupe avec des sardines grillées, par exemple. Vous pouvez aussi la servir en apéritif, dans des verrines au fond desquelles vous aurez disposé un tartare d'orange.
• La soupe peut se préparer la veille, il suffira de la conserver au frais, recouverte de film alimentaire, et de la réchauffer au dernier moment.

Panna cotta au parmesan et poires poêlées

⁂

On n'imagine pas forcément le parmesan en dessert et pourtant sa douceur s'y prête très bien. Cette *panna cotta* associe deux ingrédients qui s'aiment depuis toujours : la poire et le fromage. Elle est délicate, raffinée, et surtout très facile à réaliser.

J'ai garni la *panna cotta* de poires poêlées à l'huile d'olive, qui apportent une touche de fraîcheur et une dimension fruitée à la crème.

POUR 6 PERSONNES

PRÉPARATION : 10 MIN — CUISSON : 5 MIN — INFUSION ET RÉFRIGÉRATION : 3 H 30

• 40 cl de crème fleurette • 12 cl de lait frais entier • 90 g de parmesan fraîchement râpé (affiné 18 ou 24 mois) • 90 g de sucre pour la crème + 1 c. à c. pour les poires • 2 feuilles de gélatine • 1 poire moyenne, mûre mais ferme • 2 c. à s. d'huile d'olive vierge extra • quelques copeaux de parmesan • thym ou romarin frais.

1 Faites ramollir les feuilles de gélatine dans de l'eau froide. Faites infuser le parmesan dans la crème pendant 20 minutes puis ajoutez le lait et le sucre.

2 Portez le mélange à frémissement, sans cesser de remuer pour bien incorporer le parmesan. Éteignez le feu et incorporez les feuilles de gélatine bien essorées. Mélangez puis versez la crème dans 6 verrines et laissez tiédir. Laissez prendre les *panna cotta* au frais au moins 3 heures.

3 Peu avant de servir, lavez la poire et coupez-la en dés. Poêlez-la 2 minutes avec 2 c. à s. d'huile d'olive et 1 c. à c. de sucre. Elle doit un peu colorer.

4 Posez les dés de poires sur les *panna cotta* et garnissez-les avec un copeau de parmesan par personne et quelques feuilles de thym ou de romarin.

CONSEILS ET VARIANTES

• Optez pour un parmesan pas trop vieux afin de préserver le côté gourmand du dessert (et ne pas sentir le sel en premier).

• La *panna cotta* peut se préparer la veille et même se congeler. Il suffira de poêler les fruits au moment de servir.

• Vous pouvez remplacer la poire par un autre fruit délicat et doux comme la pomme, l'abricot ou la figue blanche, mais ne choisissez pas des fruits trop forts en goût ou acidulés : on ne sentirait plus le fromage.

LA RICOTTA, LE BROCCIU ET LA BROUSSE

Blanche, laiteuse, légère et fraîche, la ricotta est mon alliée culinaire au quotidien. Profondément ancrée dans la tradition méditerranéenne, elle se marie vraiment avec tout.

Fabrication, conservation et consommation

Pour la ricotta en particulier, on ne peut pas parler strictement de fromage car elle est produite à partir du petit-lait provenant de la fabrication d'un autre fromage. C'est donc un produit de recyclage, d'où son nom signifiant « recuit ». Dans le cas du *brocciu* ou de la brousse, on ajoute également du lait cru.
Ces fromages peuvent être fabriqués à base de lait de brebis, de chèvre, de vache ou de bufflonne.
La meilleure période pour les déguster est le printemps. Achetez-les frais et artisanaux (chez le fromager), ils sont bien meilleurs. Ils se conservent trois à quatre jours au frais, recouverts de film alimentaire.
Pour rallonger leur durée de vie, vous pouvez les mettre sous vide ou bien les faire cuire au four (voir p. 173). Ne les congelez surtout pas.

Une longue histoire

Connue des Grecs et des Étrusques, la ricotta (ou un « laitage » similaire à base de petit-lait de brebis) aurait été diffusée en Europe du Sud pendant la période médiévale.
Pendant des siècles, ce faux fromage a été considéré comme celui des classes moins aisées car produit à partir des résidus de la fabrication d'autres fromages (voir plus haut).
Aujourd'hui, ces spécialités sont des produits de qualité recherchés pour leur fraîcheur et leur légèreté. La ricotta et le *brocciu* sont protégés par une AOC.

Autour de la Méditerranée

La ricotta italienne est la forme la plus connue. Toutefois, l'on retrouve des fromages semblables en France, en Corse (*brocciu*) et en Provence (brousse du Rove), dans le Massif central (recuite de brebis) mais également en Grèce, sous une forme plus affinée (*mizithra*), en Roumanie (*urda*) et en Tunisie (*rigouta*).
Il existe des formes affinées ou cuites comme le *brocciu passu*, la ricotta salée ou fumée. Elles sont plus fermes, plus salées et se conservent plus longtemps.
Ce fromage est souvent servi seul (p. 173), en entrée, mais apparaît aussi dans la composition de nombreux mets : en guise de farce de légumes ou de raviolis, sous forme de boulettes ou de gnocchi au Moyen-Orient ou en Italie, dans les pâtes à gâteaux (*fiadone* corse, p. 173) ou comme garniture de tarte ou de mignardises *pardulas*, p. 214, et *cannoli* siciliens, p. 176).

Plein d'idées pour les cuisiner

> ITALIE

RICOTTA AU FOUR

Pour 4 personnes

- Préchauffez le four à 150 °C. Prenez un morceau entier de ricotta fraîche de brebis de 300 g environ et posez-le sur une plaque recouverte de papier cuisson. Assaisonnez-la avec du piment, de l'origan, du sel et arrosez d'huile d'olive. Faites-la sécher au four pendant 1 à 2 heures afin qu'elle dore et devienne ferme.
- Vous pouvez la servir en copeaux à l'apéritif ou sur des pâtes.

> CORSE

FIADONE

Pour 6 personnes

- Préchauffez le four à 180 °C. Mélangez le zeste d'un citron jaune non traité avec 30 g de sucre. Ajoutez 280 g de *brocciu*, le jus d'un citron, une pincée de sel et 2 c. à s. d'eau-de-vie. Écrasez la préparation pour éliminer les éventuels grumeaux.
- Fouettez 3 œufs avec 100 g de sucre jusqu'à ce qu'ils deviennent mousseux. Incorporez délicatement le mélange précédent en deux fois afin d'obtenir une crème homogène. Versez-la dans un moule rectangulaire beurré sur 3 cm d'épaisseur. Laissez cuire au four 30 à 40 minutes : le *fiadone* doit dorer. Laissez refroidir puis démoulez. Il se conserve 1 à 2 jours au frais.

ASSOCIATIONS IDÉALES

CLASSIQUES

Comme garniture de tarte salée (aux tomates, poivrons, épinards, jambon) ou sucrée (notamment avec du zeste de citron ou des copeaux de chocolat).

Marinés à l'huile d'olive avec des herbes aromatiques : persil, menthe, basilic, thym, coriandre.

Mixés dans un pesto de basilic (p. 188), de poivrons (p. 37) ou un caviar d'aubergines (p. 17).

En dessert avec du miel, de la confiture ou de l'eau-de-vie.

INSOLITES

Dans un gratin de sardines, entre deux couches de poisson.

Sur une tartine, avec des figues fraîches et des copeaux de parmesan.

Roulés d'aubergines farcis au brocciu et au jambon

***

Ces roulés ludiques, au cœur laiteux et gourmand, sont un de mes grands classiques de l'été. J'aime découvrir, sous la texture fondante des aubergines, la saveur fraîche du *brocciu* assaisonné de tapenade, autre symbole de l'été.

Cette entrée un peu provençale, corse ou italienne, fera toujours des heureux.

POUR 4 PERSONNES

PRÉPARATION : 20 MIN — CUISSON : 10 MIN

• 2 aubergines longues moyennes • 6 tranches très fines de jambon cru (Parme, San Daniele, Bayonne, *serrano*...) • 220 g de *brocciu* corse • 1 c. à s. de tapenade verte (voir p. 205) + un peu pour servir • quelques graines de fenouil • 5 feuilles de menthe fraîche + un peu pour servir • huile d'olive vierge extra • sel.

1 Préchauffez le four à 200 °C. Mélangez le *brocciu* avec la tapenade, ajoutez la menthe ciselée et les graines de fenouil.

2 Lavez les aubergines, retirez le pédoncule et coupez-les en fines tranches dans le sens de la longueur.

3 Faites chauffer 6 c. à s. d'huile d'olive dans une poêle et faites-y frire 2 à 3 tranches d'aubergine à la fois jusqu'à ce qu'elles dorent des deux côtés. Ajoutez de l'huile si besoin. Une fois cuites, posez-les sur du papier absorbant et salez-les.

4 Quand les aubergines sont encore tièdes, déposez sur chaque tranche une demi-tranche de jambon. Tartinez avec le mélange au *brocciu* puis roulez-les. Fermez les roulés avec des cure-dent.

5 Déposez les roulés (fermeture vers le bas) sur une plaque recouverte de papier cuisson, badigeonnez-les avec un peu d'huile d'olive et faites-les cuire au four 5 à 10 minutes.

6 Servez chaud ou tiède avec un peu de tapenade et une feuille de menthe.

CONSEILS ET VARIANTES

• Vous pouvez préparer ces roulés plusieurs heures à l'avance et les garder au frais recouverts de film alimentaire. Il suffira de les réchauffer quelques minutes à 160 °C avant de servir.
• Vous pouvez modifier la farce en remplaçant le *brocciu* par de la brousse du Rove, la tapenade par des tomates séchées à l'huile ou du pesto au basilic (p. 188), ou même l'agrémenter d'une pointe de harissa.
• Pour plus de légèreté, vous pouvez faire griller les tranches d'aubergines au lieu de les faire frire dans l'huile, mais la texture sera moins fondante.

Cannoli

⁂

Les *cannoli* siciliens font partie des desserts italiens les plus appréciés. Composés d'une coque croustillante garnie d'une crème à la ricotta fraîche et aux fruits confits, ils sont irrésistibles ! Il existe beaucoup de variantes de farces, plus ou moins riches, selon les régions de Sicile. Celle-ci est la version de la côte ouest.

POUR 8 À 10 PERSONNES

PRÉPARATION : 20 MIN — CUISSON : 30 MIN — REPOS : 1 H

Pour les coques • 250 g de farine • 2 blancs d'œufs • 40 g de sucre semoule • 30 g de beurre mou • 2 c. à s. de cacao en poudre • 2 petits verres à shot de marsala ou, à défaut, de rhum (soit 6 cl) • huile de friture. **Pour la farce** • 600 g de ricotta fraîche de brebis ou de vache (ou, à défaut, de *brocciu*) bien égouttée • 180 g de sucre glace • 40 g de chocolat noir • 50 g d'écorce d'orange ou de cédrat confit(e) • 2 c. à s. de rhum ou d'eau de fleur d'oranger (selon les goûts) • 1 pincée de cannelle en poudre.

1 Préparez la pâte à cannoli. Tamisez la farine dans un saladier, mélangez-la avec le cacao, le sucre et un blanc d'œuf. Ajoutez le marsala et le beurre. Malaxez la pâte afin qu'elle devienne lisse, souple et homogène (ajoutez 1 c. à s. d'eau si nécessaire). Formez une boule, couvrez-la de film alimentaire et faites-la reposer au réfrigérateur au moins une heure (ou même toute une nuit).

2 Étalez la pâte au rouleau ou au laminoir sur 2 mm d'épaisseur. À l'aide d'un emporte-pièce, découpez des disques ou des carrés de 8 cm de diamètre ou de côté. Enroulez chaque disque autour d'un rouleau métallique. Scellez les extrémités et badigeonnez-les avec un peu de blanc d'œuf.

3 Faites chauffer le bain de friture à 170 °C (si vous y plongez un morceau de pâte, des mini-bulles doivent se former). Faites frire rapidement trois rouleaux à la fois, en les retournant pour les faire dorer. Égouttez-les avec une écumoire et posez-les sur du papier absorbant. Quand la pâte a tiédi, retirez le rouleau métallique.

4 Préparez la farce : concassez le chocolat au couteau et coupez l'orange ou le cédrat en petits cubes. Fouettez la ricotta et le sucre glace puis incorporez le reste des ingrédients. Couvrez de film alimentaire et gardez au réfrigérateur.

5 Garnissez les *cannoli* au dernier moment, juste avant de servir, pour qu'ils restent croquants.

CONSEILS ET VARIANTES

• Si vous n'avez pas de rouleaux métalliques, vous pouvez simplement faire frire les disques de pâte et les présenter sous forme de mille-feuille, en déposant la crème entre deux couches de pâte.
• Les cylindres de pâte peuvent être frits un ou deux jours à l'avance. Gardez-les à température ambiante dans un endroit sec.

CONDIMENTS, HERBES & ÉPICES

L'AIL

LE BASILIC

LES CÂPRES

L'EAU DE FLEUR D'ORANGER
ET L'EAU DE ROSE

LES OLIVES
ET L'HUILE D'OLIVE

LE SAFRAN

L'AIL

L'odeur de l'ail frais ou rissolé est indissociable de la cuisine du soleil, forte et parfumée. Compagnon de la Méditerranée depuis des milliers d'années, c'est mon ingrédient familier, celui qui fait que je me sens chez moi.

Saisonnalité et variétés

Bien que récolté à partir de mai, l'ail se consomme surtout sec, toute l'année. Au printemps, profitez-en pour déguster l'ail nouveau ! C'est un délice, tout vert, frais et délicat ; il a presque une saveur d'amande et l'on peut très bien le consommer cru, notamment dans un pesto (p. 37, 188).

En France, on trouve trois types d'ail : le blanc (82 % de la production), le violet (7 % de la production) et le rose (11 % de la production, comprenant notamment celui de Lautrec, une perle !).

Une longue histoire

Originaire d'Asie, l'ail est arrivé en Méditerranée à travers l'Égypte et a été tout de suite adopté par les autres pays. Adoré par les uns (comme les Romains, qui lui attribuaient des vertus de force), détesté par les autres (comme les Grecs ou, plus tard, la haute bourgeoisie européenne, qui ne supportaient pas son odeur), l'ail est utilisé encore aujourd'hui non seulement pour sa saveur unique, son parfum puissant mais également pour ses vertus médicinales (c'est un antiseptique et un antibiotique naturel).

Autour de la Méditerranée

L'ail entre dans la composition des sauces qui accompagnent la viande, le poisson ou les légumes. Une des sauces les plus connues reste bien sûr l'aïoli provençal (p. 184) ou l'*aillioli*, sa version catalane à base d'ail cru, avec ou sans jaunes d'œufs, et d'huile d'olive. En Italie, il existe la *bagna caôda* (originaire du Piémont) à base d'ail, d'huile d'olive et d'anchois, et en Grèce on prépare la *skordalia* (une purée aromatisée à l'ail, voir p. 181) et la *giaourti skodato*, une sauce au yaourt et à l'ail, ancêtre du *tzatziki*.
On trouve également des soupes frugales à base d'ail et de pain, comme l'*ajo blanco* espagnol (p. 183).

Comment atténuer l'odeur forte de l'ail ?

Nos grands-mères nous ont toujours appris que pour rendre l'ail plus digeste, mieux vaut retirer son germe.
Sinon, pour adoucir sa saveur, il suffit de faire cuire les gousses d'ail dans une petite casserole profonde en les recouvrant de lait. Portez à frémissements puis laissez cuire jusqu'à ce que les gousses soient tendres. Égouttez-les et incorporez-les, en fin de cuisson, à une soupe ou un risotto, par exemple.

Plein d'idées pour le cuisiner

> PROVENCE

AIL ROSE EN PAPILLOTE

- Préchauffez le four à 180 °C. Coupez une tête d'ail en deux dans le sens de la largeur, posez-la sur du papier cuisson, assaisonnez-la d'un filet d'huile d'olive et d'une pincée de thym ou d'origan.
- Refermez hermétiquement en repliant le papier cuisson vers l'intérieur et enfournez 20 à 30 minutes environ, jusqu'à ce que l'ail devienne tendre.
- Il peut alors être servi en tartinade, en accompagnement d'un agneau rôti (p. 112), ou bien incorporé à une pâte à fougasse (p. 207).

> GRÈCE

SKORDALIA

Pour 4 personnes

- Faites cuire 600 g de pommes de terre à chair farineuse (bintje, par exemple). Écrasez au mortier (ou au mixeur) 5 à 6 gousses d'ail (les plus fraîches possible).
- Égouttez les pommes de terre, pelez-les et passez-les au moulin à légumes. Incorporez la purée d'ail, 12 cl d'huile d'olive et le jus d'un gros citron jaune, salez et poivrez. Mélangez de manière à obtenir une purée homogène.
- La *skordalia* est généralement servie comme *mezzé*, à température ambiante ou bien chaude, avec du poisson frit (notamment la morue) ou des boulettes.

ASSOCIATIONS IDÉALES

CLASSIQUES

En farce de viandes rôties telles que l'agneau, la pintade, le veau, le porc ou le bœuf.

Dans les soupes de poisson (rougets, par exemple) ou les sauces tomate (p. 43).

Sauté à l'huile d'olive, pour faire cuire des coquillages (coques, moules, palourdes, couteaux), des champignons (cèpes, girolles) ou des légumes (courgettes, aubergines, artichauts – voir p. 12 –, pommes de terre...).

Mélangé à des herbes fraîches (basilic, persil, thym, menthe, coriandre) et de la chapelure pour une farce ou une finition de gratin.

Pilé avec des fruits secs (noix, amandes, pistaches, pignons), pour accompagner un rôti, une salade ou des pâtes.

INSOLITES

Haché avec du gingembre frais comme condiment d'une soupe de légumes ou de viandes mijotées.

Ajo blanco

Cette soupe estivale espagnole, originale et d'une blancheur immaculée, sera votre alliée les jours de grandes chaleurs. Essentielle, frugale et élégante à la fois, elle a traversé les siècles et sa recette est restée inchangée. Elle est probablement d'origine andalouse, héritée des Arabes, d'où la présence des amandes.

Il s'agit d'une sorte de gazpacho blanc (littéralement : « ail blanc »), extrêmement connu, et qui existait... bien avant la découverte de la tomate dans le Nouveau Monde. J'aime cette association d'ingrédients simples, amandes, ail, pain, qui lui donnent cette saveur douce et piquante à la fois, mais surtout son goût d'antan.

POUR 4 PERSONNES

PRÉPARATION : 10 MIN — REPOS : 2 H

• 130 g d'amandes entières mondées • 70 g de pain de campagne • 10 cl d'huile d'olive vierge extra • 2 gousses d'ail nouveau (ou une gousse d'ail dégermée) • 50 cl d'eau • 2 c. à s. de vinaigre de Xérès • raisins blancs et amandes effilées pour le dressage • sel, poivre.

1 Mélangez les amandes, le pain émietté, l'huile et l'ail. Laissez reposer au frais au moins 1 heure.

2 Mixez ensuite le tout et versez peu à peu l'eau de manière à obtenir une soupe plus ou moins épaisse (ajustez la quantité d'eau à votre convenance). Ajoutez le vinaigre, salez et poivrez. Laissez reposer au frais au moins 1 heure.

3 Servez avec les quelques grains de raisin épépinés et les amandes effilées.

CONSEILS ET VARIANTES

• Comme pour les autres gazpachos, l'idéal est d'utiliser un mortier, de manière à obtenir une texture non homogène très agréable.
• Préparez l'*ajo blanco* bien à l'avance et conservez-le au frais pour permettre aux saveurs de se diffuser.
• Cette soupe glacée est très bonne accompagnée également d'autres fruits juteux, comme le melon (jaune ou blanc), les pêches ou les pommes.
• Dans certains endroits, on la sert avec des pommes de terre cuites à l'eau ou d'autres tapas comme la tortilla (p. 120) ou les croquettes de jambon (p. 124).

Aïoli provençal

Voici un plat frugal et léger mais haut en saveurs. Des légumes du potager, du poisson (généralement de la morue), un œuf dur et une sauce unique, l'aïoli. C'est bien cette sauce aillée inimitable qui fait de ce plat un véritable trésor gustatif.

À l'origine, la sauce aïoli était composée uniquement d'ail pilé et d'huile d'olive, montés au mortier à la force du poignet, de manière à obtenir une sauce crémeuse, blanche et bien amalgamée. Ce n'est qu'à partir des années 1950 que l'aïoli s'est enrichi d'œuf et qu'on l'a travaillé comme une mayonnaise (mais ne l'appelez surtout pas ainsi !).

POUR 4 PERSONNES

PRÉPARATION : 20 MIN — CUISSON : 30 MIN

Pour la sauce aïoli • 4 gousses d'ail nouveau • 1 jaune d'œuf • 16 cl d'huile d'olive vierge extra. **Pour la garniture** • 800 g de morue dessalée ou de dos de cabillaud • 300 g de haricots verts • 4 pommes de terre moyennes • 4 carottes nouvelles • 4 œufs durs • ½ chou-fleur • sel.

1 Préparez la sauce aïoli (vous pouvez le faire plusieurs heures à l'avance). Dans un mortier (ou, à défaut, un mixeur), écrasez les gousses d'ail puis ajoutez le jaune d'œuf.

2 Versez le tout dans un saladier et commencez à fouetter. Incorporez 1 c. à s. d'huile sans cesser de fouetter jusqu'à ce que l'œuf l'ait absorbée (il devient plus dense). Continuez ainsi progressivement en versant très peu d'huile d'olive à la fois et en prenant soin de n'en rajouter que quand l'œuf devient crémeux. Il faudra 15 minutes environ. Salez puis fouettez à nouveau. Conservez au frais recouvert de film alimentaire au contact.

3 Pour la garniture, faites cuire dans de l'eau salée et séparément les pommes de terre et les carottes épluchées et coupées en quatre, le chou-fleur détaillé en bouquets et les haricots, pendant une dizaine de minutes. Enfin, plongez le cabillaud coupé en 4 morceaux dans de l'eau salée frémissante et faites-le cuire 8 minutes environ. Égouttez-le avec une écumoire.

4 Disposez dans un plat la garniture de légumes, les œufs durs et le poisson, et servez avec un peu de sel, de l'huile d'olive et la sauce aïoli.

CONSEILS

Le secret d'un aïoli réussi est la patience. Il faut verser l'huile doucement et en petites quantités, de manière à ce que l'œuf puisse l'absorber. Si vous allez trop vite, la préparation restera liquide et ne prendra pas. Si c'est le cas (ça arrive !), ne jetez rien, il y a une solution : versez un jaune d'œuf dans un saladier et remontez la mayonnaise en versant dessus l'aïoli liquide, petit à petit, et sans cesser de fouetter.

LE BASILIC

Emblème de la cuisine méditerranéenne, le basilic a séduit les hommes depuis l'Antiquité grâce à ses arômes enivrants et uniques. L'été, fraîchement cueilli, c'est un de mes compagnons préférés en cuisine.

Saisonnalité, variétés et conservation

La meilleure saison pour le basilic est bien sûr l'été, où il connaît la pleine terre et le soleil.

La variété la plus répandue est le basilic Grand vert, aux notes poivrées et mentholées. Il existe une variété particulière, cultivée en Ligurie, aux feuilles plus petites et très aromatiques, qui sert à préparer l'authentique pesto *genovese*.

Je vous conseille d'utiliser uniquement des feuilles de basilic frais, si possible fraîchement cueillies sur la plante. Congelé ou, pire, séché, il perd tout son arôme. Ne le coupez qu'au dernier moment pour éviter que les feuilles ne s'oxydent. Dans l'idéal, il ne devrait pas être coupé au couteau ou aux ciseaux mais pilé au mortier ou déchiré avec les mains.

Sur la plante, il se garde des semaines, pourvu qu'il soit au soleil plusieurs heures par jour, qu'il ne subisse pas le froid (la température idéale se situe entre 12 et 20 °C) et que vous coupiez régulièrement les tiges les plus hautes. En bouquet, conservez-le dans son sachet ou dans un verre d'eau, à température ambiante, deux jours maximum.

Une longue histoire

Le basilic provient de l'Inde où, encore aujourd'hui, il est considéré comme une plante sacrée. Il a ensuite voyagé en Asie du Sud puis en Égypte et enfin dans le Bassin méditerranéen, notamment en Italie. Déjà très apprécié par les Égyptiens, les Grecs (son nom vient d'ailleurs de *basileùs*, qui signifie « roi ») et les Romains (qui l'offraient en gage d'amour), il était censé posséder des vertus magiques et médicinales. Ce n'est qu'au XIIIe siècle qu'il entre en cuisine à part entière.

Autour de la Méditerranée

Bien qu'il soit désormais consommé dans de nombreux plats méditerranéens, notamment des légumes mijotés, le basilic fait surtout partie de la culture culinaire italienne et provençale. Les grands emblèmes en sont la soupe au pistou provençale (p. 187) et le pesto *genovese* (voir le minestrone, p. 188), deux déclinaisons d'un même concept.

Plein d'idées pour le cuisiner

> PROVENCE

PISTOU PROVENÇAL

Pour 6 personnes

- Dans un mortier, pilez les feuilles d'un bouquet de basilic avec une pincée de gros sel et 4 gousses d'ail écrasées. Ajoutez 3 tomates pelées, coupées en morceaux et écrasez à nouveau. Versez en filet 15 cl d'huile d'olive vierge extra, tout en continuant de piler, jusqu'à obtenir une sauce dense mais encore fluide. Poivrez.
- C'est cette sauce (appelée aussi pommade) que l'on ajoute en fin de cuisson à la soupe de légumes frais et légumineuses (cousine du minestrono, p. 188), typiquement provençale. Elle est consommée l'été à température ambiante après un repos au frais d'au moins 12 heures.
- Le pistou se différencie du pesto par la présence de tomates, la plus grande quantité d'ail et l'absence de fromage (parmesan et pecorino) et de pignons.

COMMENT CONSERVER LE PISTOU ET LE PESTO

- Les deux ont tendance à s'oxyder très vite au contact de l'air.
- Pour éviter cet inconvénient, deux solutions sont possibles :
  - la première, plus traditionnelle, consiste à conserver la sauce dans un bocal fermé, toujours recouverte d'huile d'olive. Ainsi, la sauce se conserve une semaine ;
  - la seconde consiste à verser le pistou ou le pesto dans des bacs à glaçons et à les congeler. Ils se conservent ainsi jusqu'à un mois.

ASSOCIATIONS IDÉALES

CLASSIQUES

En salade ou en soupe, avec des légumes d'été crus ou grillés : tomates, aubergines, poivrons, courgettes.

Frais et ciselé, dans les sauces tomate pour accompagner des pâtes ou du riz.

En sauce crue (pesto ou autre), à tartiner, pilé avec de l'ail, de l'huile d'olive, des pignons ou des amandes et du fromage affiné (parmesan, pecorino).

Pilé, avec des zestes de citron ou d'orange et des pistaches, à saupoudrer sur un risotto ou une viande mijotée.

INSOLITES

En salade, avec des fruits : fraises, framboises, abricots, pêches, ananas, melon...

Ciselé et infusé, dans les bases de sorbet au yaourt, à la noix de coco, aux agrumes ou aux fruits rouges.

Dans un tartare de crevettes.

Minestrone au pesto

Les soupes de légumes frais sont un grand leitmotiv des pays du soleil. En Italie, le minestrone (« grosse soupe ») est très répandu et sa composition varie selon les régions. Cette version est typique de la Ligurie. Sa particularité réside dans le fait qu'il est assaisonné avec du pesto et servi avec des pâtes. Il présente des affinités avec la soupe au pistou provençale.

POUR 4 PERSONNES

PRÉPARATION : 20 MIN — CUISSON : 50 MIN

Pour la soupe • 3 branches de céleri • 2 pommes de terre moyennes • 2 courgettes bien fermes • 2 carottes • 1 gousse d'ail • 1 oignon • 100 g de haricots verts • 100 g de haricots cocos rouges (frais ou en boîte) • 100 g de petites pâtes sèches courtes (type mafaldine, petits maccheroni lisses, ditalini) • 2 à 3 brins de persil plat • huile d'olive vierge extra • parmesan (pour servir) • sel, poivre. **Pour le pesto** (il vous en faudra 2 c. à s., gardez le reste !) • les feuilles d'un bouquet de basilic frais • 30 g de pignons de pin • 40 g de parmesan râpé • 5 cl d'huile d'olive vierge extra • 1 petite gousse d'ail • sel, poivre.

1 Lavez le céleri, les carottes, les courgettes et coupez-les en dés. Émincez l'ail et l'oignon. Épluchez les pommes de terre et coupez-les en dés.

2 Dans une casserole, faites rissoler l'ail et l'oignon avec 3 c. à s. d'huile d'olive. Ajoutez les carottes, le céleri, 10 feuilles de persil et les pommes de terre. Couvrez d'eau et faites cuire 20 minutes. Ajoutez les courgettes et les haricots verts et laissez encore 10 minutes sur le feu.

3 Pendant ce temps, préparez le pesto. Lavez et essuyez les feuilles de basilic. Dans un mortier ou, à défaut, un mixeur, mettez tous les ingrédients du pesto sauf l'huile et le parmesan. Pilez ou mixez délicatement par à-coups en versant peu à peu l'huile puis ajoutez le fromage et poivrez. Vous devez obtenir une sauce liquide mais encore un peu granuleuse.

4 Ajoutez les haricots cocos à la soupe et laissez mijoter encore 10 minutes. Salez et poivrez. Plongez les pâtes dans la soupe bouillante et faites-les cuire le temps indiqué sur le paquet. Incorporez enfin les 2 c. à s. de pesto.

5 Servez la soupe chaude ou tiède avec quelques feuilles de persil, un filet d'huile d'olive et du parmesan.

CONSEILS ET VARIANTES

Vous pouvez préparer le pesto la veille, en le gardant au frais recouvert d'huile d'olive, et cuisiner la soupe (sans les pâtes) plusieurs heures à l'avance. Il suffira alors de la réchauffer et d'y faire cuire les pâtes juste avant de servir. Selon la saison, vous pouvez varier le type de légumes et remplacer les haricots rouges frais par des haricots secs (déjà cuits).

Sorbet au basilic et au citron

Ce sorbet surprenant a quelque chose de magique. Il nous plonge avec bonheur au cœur du parfum du basilic. Le citron, grand ami des herbes fraîches, permet de rehausser son goût et de rester dans l'univers des glaces d'été. J'aime le servir en fin de repas avec une salade de fraises ou du melon.

POUR 4 À 6 PERSONNES

PRÉPARATION : 5 MIN – CUISSON : 5 MIN – REPOS ET CONGÉLATION : 2 H

• 40 cl d'eau minérale • 250 g de sucre • 10 cl de jus de citron jaune, fraîchement pressé (2 à 3 citrons) • 15 petites feuilles de basilic frais • 1 c. à s. de miel d'acacia.

1 Portez à ébullition l'eau avec le sucre puis ajoutez le miel et mélangez. Éteignez le feu et ajoutez 5 feuilles de basilic. Laissez infuser 30 minutes. Ajoutez le jus de citron, 5 feuilles de basilic, puis mixez très rapidement.

2 Mettez au frais pendant 1 heure puis passez en sorbetière. Dès que le sorbet commence à prendre, prélevez-en 3 c. à s. et mixez-les avec 5 feuilles de basilic. Incorporez au mélange et continuez à faire tourner la sorbetière.

3 Placez au congélateur au moins 30 minutes avant de servir.

CONSEILS ET VARIANTES

• Si ce sorbet est extrêmement parfumé et goûteux à lui seul, il gagne à être servi avec des fruits rouges comme des fraises ou des framboises.
• Si vous n'avez pas de sorbetière, vous pouvez le transformer en granité en versant la préparation dans un bac en métal que vous placerez au congélateur. Il suffira de gratter avec une fourchette toutes les 30 minutes jusqu'à ce qu'il se forme de minuscules cristaux de glace.

LES CÂPRES

Les câpres sont des boutons de fleurs… de câprier. Quelle merveilleuse découverte j'ai faite à quinze ans, pendant des vacances d'été, à l'aube, quand la mère d'une amie nous a mis à contribution pour cueillir des câpres !

Saisonnalité et consommation

Les câpres sont cueillies de mai à septembre et sont disponibles en conserve toute l'année.
En France, vous trouverez le plus souvent des câpres au vinaigre mais vous pouvez dénicher des câpres au sel dans les épiceries italiennes.
En principe, plus les câpres sont fines, meilleures elles sont. Vous pouvez choisir entre les non pareilles (5 à 7 mm), les surfines (7 à 8 mm) et les capucines (8 à 9 mm).

Une longue histoire

Les câpres sont connues et appréciées comme condiment et pour leurs vertus médicinales depuis l'Antiquité.
Ce sont des boutons de fleurs que les hommes ont su adapter à leurs besoins grâce aux méthodes de maturation et à la conservation dans le sel, le vinaigre ou même l'huile d'olive. Quand ces boutons deviennent des fruits immatures, on parle de caprons. Dans ce cas, ils sont plutôt servis seuls à l'apéritif.
Les câpriers poussent sur tout le pourtour de la Méditerranée sur des terres calcaires. Mais c'est notamment en Italie qu'ils ont trouvé leur terre d'élection, de la Ligurie à la Sicile, en passant par la Campanie, la Sardaigne et les Pouilles.
Les meilleures câpres seraient celles de l'île de Pantelleria (AOP), au large de Trapani, en Sicile, grâce au micro-climat et à la richesse du sol volcanique. Mais il existe aussi d'autres très bonnes variétés en provenance d'autres régions (la Provence, la Sardaigne et les îles Éoliennes) ou pays, comme la Tunisie et le Maroc.

Autour de la Méditerranée

Les câpres sont cuisinées en France et en Italie. En France, on les utilise principalement comme condiment dans les sauces comme la célèbre tapenade (dont le nom vient du provençal *tapena*, qui signifie « câpre »), la sauce tartare ou la sauce gribiche.
En Italie, elles entrent dans la composition de nombreuses salades, comme la salade sicilienne *pantesca* (pommes de terre, olives, oignon rouge), l'*insalata di rinforzo* napolitaine (à base de chou-fleur, olives et poivrons), sauces (celle du *vitello tonnato*, p. 150) ou bien des plats mijotés, comme les pâtes à la *puttanesca* ou la *caponata* (p. 20).

Si vous souhaitez vraiment sentir leur saveur végétale, je vous conseille d'opter pour des câpres au sel. Dans ce cas, il faudra les dessaler à l'eau tiède pendant au moins une heure, en changeant l'eau deux à trois fois.
Si les câpres doivent apporter une note acidulée au plat (comme dans une salade de pommes de terre ou une sauce pour la viande, par exemple), utilisez des câpres au vinaigre. Je vous conseille là aussi de les faire tremper dans de l'eau froide au moins 20 minutes.

> ESPAGNE

SAUCE AUX CÂPRES

Pour 4 personnes

- Mixez 3 c. à s. de câpres (si possible, des câpres au sel dessalées) avec 10 feuilles de persil plat, 5 feuilles de basilic, le jus d'un demi-citron et 4 c. à s. d'huile d'olive jusqu'à obtenir une sauce fluide. Salez et poivrez.
- Utilisez cette sauce pour accompagner des sardines ou des gambas grillées.

> ITALIE

SALSA VERDE

Pour 4 personnes

- Trempez une tranche de pain de mie (ou mieux, de pain de campagne) dans 4 c. à s. de vinaigre de vin. Pilez au mortier ou passez au mixeur les feuilles d'un bouquet de persil, 1 petite gousse d'ail, 1 c. à s. de câpres au vinaigre, 4 filets d'anchois et 4 cornichons puis ajoutez le pain trempé et 8 c. à s. d'huile d'olive. Vous devez obtenir une sauce fluide mais épaisse.
- Servez-la avec du pot-au-feu, de la volaille ou du poisson pochés dans un bouillon ou rôtis, ou encore avec une salade de pommes de terre.

ASSOCIATIONS IDÉALES

CLASSIQUES

Dans des plats de légumes mijotés ou rôtis, comme la ratatouille, la *caponata* (p. 20) ou la *méchouia* (p. 38).

Dans des sauces froides aux herbes, en accompagnement de poissons ou de crustacés rôtis.

Dans des sauces froides aux œufs et aux herbes (comme la sauce gribiche), en accompagnement de viandes rôties ou mijotées comme le veau (*vitello tonnato*, p. 150), le porc ou la volaille.

Dans une salade de légumes (pommes de terre, artichauts, tomates, asperges tièdes) ou de fruits de mer.

Dans un tartare de viande ou de poisson.

Dans des salades de céréales : riz, blé (boulgour), couscous, pâtes, épeautre.

INSOLITES

En salade, avec des agrumes (orange, pamplemousse) et des sardines.

En salade, avec des betteraves crues, de l'avocat ou du chou-fleur rôti.

Mélangées, à du fromage frais ou de la *burrata* pour farcir des roulés de jambon cuit.

Tabouleh aux câpres, brochettes de dorade

⁂

Le *tabouleh* libanais est une de ces salades d'une fraîcheur et d'un parfum inouïs, qui sont les grandes complices de l'été. Il est composé principalement d'herbes, d'un peu de tomates et de boulgour pour donner de la texture. J'y ai ajouté un intrus : les câpres, dont la saveur végétale se marie à merveille avec le *tabouleh*.

POUR 4 PERSONNES

PRÉPARATION : 20 MIN – CUISSON : 10 MIN – REPOS : 20 MIN

• les feuilles de 2 bouquets de persil plat • les feuilles d'½ bouquet de menthe • 360 g de filets de dorade coupés en gros dés • 3 c. à s. de boulgour (fin ou moyen) • 2 tomates moyennes bien fermes • 2 c. à s. de câpres (rincées soigneusement à l'eau tiède) • ½ oignon jaune ou rouge • le jus de 2 citrons jaunes • huile d'olive vierge extra • sel, poivre.

1 Préchauffez le four à 200 °C.

2 Dans un grand saladier, versez le boulgour, le jus d'un citron et demi et 4 c. à s. d'huile d'olive. Lavez les tomates et coupez-les en dés, émincez le demi-oignon puis ajoutez-les au boulgour.

3 Lavez et essuyez les feuilles de persil et de menthe, ciselez-les avec les câpres puis ajoutez-les à la préparation précédente. Mélangez le tout, ajoutez 4 c. à s. d'huile d'olive, salez et poivrez. Réservez au frais 15 minutes.

4 Juste avant de servir, assaisonnez le poisson avec le jus du demi-citron, 2. c. à s. d'huile d'olive, du sel et du poivre. Enfilez les dés de poisson sur des brochettes et faites-les cuire au four 5 à 10 minutes.

5 Servez le *tabouleh* frais avec les brochettes chaudes.

CONSEILS ET VARIANTES

• Le boulgour est du blé concassé très utilisé au Moyen-Orient, dans les salades, les soupes et les farces de viande. On en trouve dans certaines grandes surfaces, en épicerie orientale et en magasin bio. Pour une saveur plus typée, vous pouvez le remplacer par du boulgour d'épeautre.
• Les brochettes de dorade se marient très bien avec la saveur des herbes et des câpres et permettent ainsi de servir un plat complet. Vous pouvez les remplacer par des sardines, des maquereaux ou des rougets grillés.

Encornets farcis à la burrata et aux câpres

⁂

Les mots « farcis » et « encornets » (ou calamars) évoquent l'air marin de l'été et les dîners décontractés et gourmands des vacances.

Cette recette sent bon le sud de l'Italie : les calamars sont farcis avec de la *burrata* (une cousine de la mozzarella, typique des Pouilles), qui apporte du moelleux, et une saveur douce et laiteuse. L'ensemble est rehaussé par le goût végétal et ensoleillé des câpres et des tomates.

POUR 4 PERSONNES

PRÉPARATION : 15 MIN — CUISSON : 40 MIN

• 12 encornets moyens (vidés et nettoyés, avec leurs tentacules) • 200 g de *burrata* • 15 tomates cerises • une dizaine de caprons ou 15 câpres au vinaigre (bien rincés) • quelques feuilles de persil plat • 5 c. à s. d'huile d'olive vierge extra • sel, poivre.

1 Rincez soigneusement les encornets et coupez les tentacules en petits morceaux. Faites revenir 8 tomates cerises entières avec 2 c. à s. d'huile d'olive, salez et poivrez. Laissez cuire 5 minutes.

2 Écrasez la *burrata* avec les tomates cuites, ajoutez 8 câpres (ou 5 caprons coupés en morceaux), quelques feuilles de persil ciselées et mélangez bien. Farcissez les encornets avec ce mélange, sans les remplir complètement (laissez 1 cm de marge pour pouvoir les fermer). Fermez-les avec des cure-dents.

3 Faites revenir 3 c. à s. d'huile d'olive dans une poêle, baissez le feu et ajoutez les calamars avec le reste des tomates. Laissez cuire à feu très doux à couvert, pendant 20 minutes. Ajoutez les câpres restantes et les tentacules (éventuellement un peu d'eau), retirez le couvercle et laissez cuire encore une dizaine de minutes. Servez chaud ou tiède.

CONSEILS ET VARIANTES

• Afin d'éviter que les calamars n'éclatent à la cuisson, veillez à ce qu'elle soit très douce.
• Si vous ne trouvez pas de *burrata*, vous pouvez la remplacer par de la mozzarella et 2 c. à s. de lait.
• Vous pouvez également varier les herbes en remplaçant le persil par du basilic ou du thym frais.
Ces encornets sont très bons accompagnés de poivrons rôtis ou d'aubergines sautées.

L'EAU DE FLEUR D'ORANGER ET L'EAU DE ROSE

S'il y a bien deux parfums qui m'évoquent la Méditerranée, surtout dans les desserts, ce sont l'eau de fleur d'oranger et l'eau de rose. Elles ont une sorte de pouvoir magique qui me transporte dans un conte des mille et une nuits.

Comment les choisir et les conserver

Afin de profiter pleinement de ces deux parfums envoûtants qui donneront une touche subtile et fleurie à vos plats, privilégiez la qualité et notamment les eaux fabriquées à partir des pétales de fleurs (et non à base d'arômes synthétiques).

Vous les trouverez dans les épiceries fines, orientales ou d'Afrique du Nord. Les eaux libanaises figurent parmi les meilleures.

Elles se conservent jusqu'à deux ans dans un endroit sec et frais à l'abri de la lumière. Vous pouvez aussi les garder au réfrigérateur.

Une longue histoire

L'eau de fleur d'oranger est obtenue par distillation à la vapeur de pétales de fleurs d'oranger, plus exactement de bigaradier (l'orange amère). Depuis l'Antiquité, les fleurs d'oranger symbolisent la pureté et la fertilité. C'est pourquoi on les offrait souvent aux jeunes mariées.

L'eau de rose est, elle aussi, obtenue par distillation à la vapeur de pétales… de rose. À l'origine, elle était confectionnée uniquement avec les mythiques roses de Damas, une ancienne variété de roses qui pousse essentiellement au Moyen-Orient.

Autour de la Méditerranée

Alors que l'eau de fleur d'oranger entre dans la composition de très nombreux plats et desserts des pays de l'ouest et du sud du Bassin méditerranéen, l'eau de rose est plus utilisée à l'est (Turquie, Liban…), et jusqu'en Inde.

L'eau de fleur d'oranger donne une touche spéciale aux salades de carottes marocaines et à certains tajines de volaille mais c'est surtout dans le registre sucré qu'elle est le plus utilisée. Il suffit de penser à la fougasse provençale (pompe à l'huile), aux *amaretti* de Sardaigne, à la *cassata* sicilienne ou au couscous sucré du Maghreb, au café blanc libanais, aux salades d'oranges et dattes (Tunisie, Maroc, Sicile), et enfin aux crèmes de semoule dont il existe plusieurs versions en Afrique du Nord et au Proche-Orient.

Quant à l'eau de rose, elle entre dans la composition du *baklava* (p. 54), des loukoums turcs, d'entremets légers comme le *mouhalabieh* (p. 199) ou de sorbets (p. 200).

Plein d'idées pour les cuisiner

> LIBAN

MOUHALABIEH

Pour 6 personnes

- Mélangez 25 cl de lait frais entier froid avec 40 g de crème de riz (ou de fécule de maïs) puis ajoutez 50 cl de lait frais entier et mélangez.
- Versez le tout dans une casserole avec 120 g de sucre et faites frémir 5 à 10 minutes, sans cesser de remuer avec une cuillère, jusqu'à ce que la crème épaississe.
- Éteignez le feu, ajoutez 2 à 3 c. à s. d'eau de rose ou d'eau de fleur d'oranger (selon votre goût et la puissance de l'arôme) puis mélangez. Versez ces crèmes dans 6 ramequins et réservez au frais au moins 4 heures avant de servir.

> MAROC, TUNISIE, ALGÉRIE

DATTES FOURRÉES AU MASCARPONE À LA FLEUR D'ORANGER

Pour 4 personnes

- Dénoyautez 8 dattes Medjool ou 14 dattes Deglet Nour. Mélangez 80 g de mascarpone avec 1 c. à s. de sucre et 1 c. à s. d'eau de fleur d'oranger.
- À l'aide d'une petite cuillère ou d'une poche à douille, farcissez les dattes avec cette crème. Garnissez d'une amande et réservez au frais 1 heure avant de servir.

> TURQUIE, LIBAN

PRUNEAUX FOURRÉS AU MASCARPONE À L'EAU DE ROSE

Pour 4 personnes

Vous pouvez procéder de même avec 15 à 20 pruneaux en ajoutant au mascarpone (ou à la ricotta) 1 c. à s. de sucre, 1 c. à c. de zeste de citron et en remplaçant l'eau de fleur d'oranger par de l'eau de rose et l'amande par des pignons de pin.

ASSOCIATIONS IDÉALES

CLASSIQUES

Pour l'eau de fleur d'oranger :

- dans les salades de carottes, roquette, agrumes ;

- dans les tajines de volaille (poulet, caille, pintade).

- dans les farces de tartes à base de crème pâtissière, crème d'amandes ou de ricotta ;

- en sirop, sur une brioche aux fruits confits ou sur des gâteaux feuilletés orientaux.

Pour l'eau de fleur d'oranger ou de rose :

- dans les boissons, comme le jus d'orange ou la limonade ;

- dans le riz au lait ;

- dans les flans ou les gâteaux de semoule ;

INSOLITES

- L'eau de rose dans un granité (ou une salade) de melon ou de pastèque.

- L'eau de fleur d'oranger dans une ganache au chocolat ou une crème au lait de coco.

Sorbet d'Orient aux agrumes, à la fleur d'oranger et à la rose

Les sorbets, inventés par les Maures, se sont ensuite répandus dans tout le Bassin méditerranéen. À l'origine fabriqués avec de la glace des montagnes et des sirops de fruits, ils sont restés longtemps un mets réservé aux nobles.
Cette recette est inspirée pour une part d'une ancienne boisson à base d'agrumes et de lait (le *sherbet*, ancêtre du sorbet) et, pour une autre part, d'un sorbet libanais à l'orange et à la menthe.

POUR 4 À 6 PERSONNES

PRÉPARATION : 30 MIN — CUISSON : 5 MIN — CONGÉLATION : 1 H 30

• 26 cl d'eau minérale (plate) • 230 g de sucre • 1 c. à c. de miel d'oranger ou de citronnier • 25 cl de lait frais entier • 16 cl de jus de citron fraîchement pressé (2 à 3 citrons) • le zeste d'1 citron non traité • 6 cl de jus de clémentine fraîchement pressée (environ 2 clémentines) ou de jus de pamplemousse • 4 cl de jus d'orange fraîchement pressée (1 orange) • 2 c. à s. d'eau de fleur d'oranger • 1 c. à c. d'eau de rose • quelques feuilles de menthe pour le dressage.

1 Faites frémir l'eau avec le sucre et le miel afin de les faire fondre. Éteignez le feu et laissez refroidir.

2 Ajoutez le lait, l'eau de fleur d'oranger, l'eau de rose et le zeste de citron. Puis incorporez le jus des agrumes, mélangez et réservez au congélateur 30 minutes. Passez en sorbetière.

3 Quand le sorbet est pris, versez-le dans des verres (qui puissent passer au congélateur) et réservez au moins 1 heure au congélateur. Sortez les sorbets du congélateur quelques minutes avant de servir, et décorez-les de feuilles de menthe.

CONSEILS ET VARIANTES

• Si vous n'avez pas de sorbetière, mettez la préparation dans un bac en métal froid et mélangez toutes les heures jusqu'à ce qu'elle prenne (il faudra environ 3 heures). Quand elle est presque solide, passez-la au mixeur puis gardez-la au congélateur jusqu'au moment de servir.
• Sur cette base et selon vos goûts, vous pouvez changer les proportions des fruits, créer un sorbet mono-fruit, ou encore ajouter des épices…

Gâteau à la semoule, aux amandes et à la rose

Les gâteaux à la semoule, au yaourt et aux amandes sont de grands classiques de la Méditerranée. Il suffit de penser à la *basboussa* ou à l'*halva* de semoule.
Cette version est inspirée d'une recette crétoise. J'aime sa croûte légère, la texture donnée par la semoule, la légèreté et le moelleux qu'apporte le yaourt et enfin, bien sûr, ce sirop parfumé qui offre une note féminine à ce dessert.

POUR 6 PERSONNES

PRÉPARATION : 20 MIN — CUISSON : 40 MIN

Pour le gâteau • 140 g de yaourt à la grecque (ou de yaourt de brebis) • 100 g de sucre • 60 g de beurre mou 50 g de farine • 50 g de semoule très fine • 50 g de poudre d'amandes • 2 œufs • 2 c. à s. d'eau de rose de qualité • 1 c. à c. bombée de bicarbonate alimentaire ou 1 c. à c. rase de levure chimique • le zeste d'1 citron jaune non traité. **Pour le sirop** • 15 cl d'eau • 100 g de sucre • 2 c. à s. d'eau de rose de qualité.

1 Préchauffez le four à 170 °C. Tamisez la farine avec la levure puis ajoutez la semoule et la poudre d'amandes. Cassez les œufs, séparez les blancs des jaunes et montez les blancs en neige. Réservez.

2 Fouettez le beurre avec le sucre jusqu'à obtenir une consistance crémeuse puis incorporez les jaunes d'œufs et le yaourt. Ajoutez le mélange farine-semoule-amandes, l'eau de rose et le zeste de citron. Incorporez délicatement les blancs d'œufs, en soulevant la préparation.

3 Versez la préparation dans un moule rond de 22 cm de diamètre beurré et fariné. Enfournez 30 à 40 minutes environ. Le gâteau doit un peu gonfler et la surface dorer. Vérifiez la cuisson du gâteau en y enfonçant la pointe d'un couteau : elle doit ressortir sèche.

4 Pendant ce temps, préparez le sirop : portez à ébullition l'eau avec le sucre jusqu'à complète dissolution. Éteignez le feu et ajoutez l'eau de rose.

5 Sortez le gâteau du four, laissez-le reposer quelques minutes puis démoulez-le sur une grille. Arrosez-le de sirop et laissez tiédir. Servez à température ambiante.

CONSEILS ET VARIANTES

- Ce gâteau se conserve deux jours, recouvert de film alimentaire.
- Si vous ne raffolez pas de la rose (qui reste ici très subtile), vous pouvez la remplacer par de l'eau de fleur d'oranger ou même par un sirop à la vanille ou aux zestes de citron. Mais ne supprimez pas le sirop ! Il permet une meilleure conservation.

LES OLIVES ET L'HUILE D'OLIVE

Symbole ancestral de la Méditerranée, l'olive, et bien sûr l'huile d'olive, aux mille saveurs, sont des produits mythiques indissociables de mes souvenirs d'enfance et de ma cuisine de tous les jours.

Bien choisir les olives et l'huile d'olive

Achetez de préférence les olives en vrac, chez des traiteurs ou au marché : le choix est vaste et la qualité souvent meilleure. Elles doivent être fermes et luisantes.
En ce qui concerne l'huile d'olive, choisissez de préférence une « huile d'olive vierge extra » qui garantit un mode de production traditionnel (extraction mécanique à froid) et une qualité gustative (faible taux d'acidité). Comme pour le vin, la saveur dépendra du terroir, du savoir-faire… Goûtez et évitez les premiers prix.

Pour les cuissons et éventuellement **les fritures**, optez pour une huile douce et délicate.
À cru, vous pouvez choisir une huile plus puissante, aux notes d'artichaut, par exemple.
Enfin, pour les cakes ou les salades de fruits, choisissez une huile fruitée et délicate.

Une longue histoire

L'olivier est présent en Méditerranée depuis l'époque préhistorique et l'olive a toujours fait partie de notre patrimoine culinaire, notamment sous sa forme liquide, dorée et magique qu'est l'huile d'olive.
En Grèce, où l'olivier est l'arbre national, la légende raconte que dans la dispute qui opposa la déesse Athéna à Poséidon, Zeus proposa à chacun de faire le don qui serait le plus utile à l'humanité. Poséidon fit jaillir une source d'eau salée. Athéna fit naître l'olivier et remporta la partie.

Autour de la Méditerranée

Les olives de table sont le plus souvent traitées, marinées (p. 205) et servies à l'apéritif ou bien sous forme de pâte (comme la tapenade à Marseille, voir p. 205). Parfois, on les farcit d'anchois, comme en Espagne, ou même de viande, puis on les sert panées et frites, comme les *olive ascolane* italiennes.
L'huile d'olive entre dans la composition de pâtes à gâteaux et de biscuits, comme la pompe à l'huile provençale (sorte de fougasse sucrée servie à Noël faisant partie des treize desserts) ou bien les biscuits grecs de Noël au miel (*melomakarona*).

> PROVENCE

TAPENADE VERTE AU CITRON CONFIT SUCRÉ

Pour 6 personnes

- Pilez au mortier ou mixez 220 g d'olives vertes dénoyautées avec 40 g de citron confit sucré, 1 c. à s. de câpres (au sel, si possible), 2 filets d'anchois à l'huile d'olive, ½ gousse d'ail frais, le zeste et le jus d' ½ citron et 3 c. à s. d'huile d'olive jusqu'à obtenir une pâte un peu grossière.
- Recouvrez d'un peu d'huile d'olive et conservez au frais.

> PROVENCE

TAPENADE NOIRE AUX FIGUES

Pour 6 personnes

- Pilez au mortier ou mixez 160 g d'olives noires dénoyautées (de Nyons, si possible) avec 100 g de figues séchées moelleuses, 1 c. à s. de câpres (au sel, si possible), un filet d'anchois à l'huile d'olive, ½ gousse d'ail et 4 c. à s. d'huile d'olive, jusqu'à obtenir une pâte un peu grossière.
- Servez sur du pain grillé ou avec une fougasse (p. 207).

> GRÈCE, ITALIE, ESPAGNE

OLIVES MARINÉES

Pour 2 à 4 personnes

- Assaisonnez 250 g d'olives vertes ou noires au naturel avec 1 c. à c. de graines de fenouil sauvage ou de thym frais, 1 c. à c. de zeste de citron jaune (ou d'orange) non traité, 1 c. à c. de piment en poudre (ou de poivre), une gousse d'ail en morceaux, 1 c. à s. de vinaigre de vin et 6 c. à s. d'huile d'olive.
- Mélangez, mettez dans un bocal fermé et laissez mariner 2 à 3 jours.

ASSOCIATIONS IDÉALES

CLASSIQUES

Dans les salades, avec des tomates, des poivrons grillés, des courgettes marinées.

Ajoutées à des plats mijotés, comme une ratatouille, un tajine de boulettes ou de veau ou de poulet.

Avec des poissons cuits au four : anchois, sardines, maquereaux.

Marinées, avec des herbes fraîches et épices : basilic, persil, coriandre, menthe, romarin, thym, piment, ras el-hanout.

INSOLITES

Préparez des tapenades aux fruits secs : amandes, pignons, noix, figues.

Utilisez l'huile d'olive en assaisonnement de salades de fruits rouges, à noyau ou d'agrumes, ou ajoutée en filet sur un sorbet au yaourt.

Fougasse aux olives vertes et au thym

❊ ❊ ❊

En dégustant la fougasse, impossible de ne pas s'imaginer dans le Midi, à l'ombre d'un arbre, en train de papoter avec des amis. La fougasse est un pain moelleux et croustillant à la fois, qui exalte la saveur ensoleillée de l'huile d'olive. Ici, elle se marie aux olives et au thym, qui vont apporter du goût et de l'humidité. Facile à réaliser, elle se laisse manger à n'importe quel moment de la journée... mais surtout à l'heure de l'apéritif !

POUR 4 PERSONNES (UNE GRANDE FOUGASSE)

PRÉPARATION : 20 MIN — CUISSON : 20 MIN — REPOS : 2 H

• 260 g de farine riche en gluten (gruau, manitoba, ou T45) + un peu pour le plan de travail • 14 cl d'eau • 16 olives vertes, marinées au thym et dénoyautées • 5 c. à s. d'huile d'olive vierge extra • 3 g de levure sèche de boulanger (ou 8 g de levure fraîche) • 3 g de sel fin • 3 brins de thym frais.

1 Dans un verre, délayez la levure avec 4 cl d'eau et laissez reposer une dizaine de minutes. Dans un saladier, mélangez la farine avec le sel, 4 c. à s. d'huile d'olive et formez un puits au centre. Versez-y la levure délayée puis le reste de l'eau. Mélangez le tout avec une cuillère en bois ou un robot muni d'un crochet pétrisseur, jusqu'à ce que la pâte devienne lisse et se détache des parois. Posez-la sur un plan de travail fariné et malaxez-la pendant une dizaine de minutes en la repliant sur elle-même jusqu'à ce qu'elle devienne très souple. Formez une boule, placez-la dans le saladier légèrement fariné, recouvrez de film alimentaire et laissez lever 1 à 2 heures (elle doit presque doubler de volume).

2 Préchauffez le four à 220 °C. Reprenez la pâte, écrasez-la avec les mains puis formez un rectangle de 1 cm d'épaisseur. Parsemez la moitié de la surface (dans le sens de la largeur) de 10 olives et du thym effeuillé. Repliez la pâte, scellez soigneusement les bords, faites des incisions en diagonale au couteau, écartez-les et parsemez avec les olives restantes.

3 Posez la fougasse sur une plaque recouverte de papier cuisson, badigeonnez-la avec l'huile d'olive restante mélangée à la même quantité d'eau et salez.

4 Faites cuire la fougasse une vingtaine de minutes, le temps qu'elle gonfle et dore. Dégustez chaud ou tiède.

CONSEILS ET VARIANTES

Plus rapide et facile à réaliser qu'une pizza (p. 165), cette fougasse se prête à toutes les fantaisies. Vous pouvez par exemple la garnir d'olives noires de Nice et de zeste d'orange, utiliser d'autres herbes, ou encore ajouter des tomates séchées à l'huile, du pesto (voir le minestrone au pesto, p. 188), quelques filets d'anchois... ce que vous voulez !

Salade de pommes de terre, tomates séchées et olives

⁂

Toute la Méditerranée est réunie dans cette simple salade de pommes de terre : les olives incontournables, les tomates séchées au soleil, les oignons rouges, le parfum de l'origan des montagnes...

J'aime cette salade qui s'invite à une grande tablée familiale sous la tonnelle, qui réconforte avec ses saveurs familières, et qui apporte fraîcheur et gaieté.

POUR 4 PERSONNES

PRÉPARATION : 20 MIN – CUISSON : 20 MIN – REPOS : 30 MIN

• 1 kg de pommes de terre à chair ferme (ratte, amandine, charlotte...) de même taille • 1 oignon rouge • 70 g de tomates séchées à l'huile d'olive • 4 c. à s. d'olives noires à la grecque dénoyautées • 6 c. à s. d'huile d'olive vierge extra • 2 poignées de roquette • 2 feuilles de laurier • origan • quelques brins d'aneth (facultatif) • sel, poivre.

1 Épluchez les pommes de terre et faites-les cuire 15 à 20 minutes dans de l'eau bouillante légèrement salée avec le laurier. Vérifiez la cuisson avec la pointe d'un couteau. Égouttez-les, passez-les sous l'eau froide et coupez-les en tranches.

2 Pendant que les pommes de terre cuisent, épluchez et émincez l'oignon. Plongez-le dans un saladier d'eau froide salée pendant 20 minutes pour l'adoucir et le rendre plus digeste.

3 Préparez l'assaisonnement en mélangeant 6 c. à s. d'huile d'olive (voire plus !), du sel, du poivre, un peu d'origan et un peu d'aneth, si vous en avez.

4 Assaisonnez les pommes de terre avec ce mélange, ajoutez les olives et les tomates coupées en morceaux et enfin l'oignon, bien égoutté et séché. Mélangez et laissez mariner 30 minutes (ou même quelques heures) à température ambiante. Ajoutez la roquette et servez.

CONSEILS ET VARIANTES

• Vous pouvez très bien préparer cette salade plusieurs heures à l'avance (en prenant soin d'ajouter un peu plus d'huile), elle n'en sera que meilleure.
• Vous pouvez remplacer l'origan par de la coriandre fraîche, les olives noires par des olives vertes ou violettes, l'oignon par de l'oignon nouveau, ou même ajouter des épices.
• Pour plus de fraîcheur, ajoutez à l'assaisonnement 1 c. à s. de vinaigre ou de jus de citron.

LE SAFRAN

Ses pistils précieux, sa couleur dorée et sa saveur unique font du safran un allié ensoleillé en cuisine. J'aime l'ajouter dans un risotto, une soupe, une crème, auxquels il apporte son goût incomparable.

Bien choisir le safran

Le safran provient d'une fleur (crocus) dont on cueille les stigmates qui sont ensuite séchés. Il est cueilli généralement au début de l'automne. Vous pouvez donc l'acheter dès la fin de l'année. Il doit présenter une couleur orangée.

Les zones de production se situent notamment en Iran, en Espagne (Andalousie, Valence), en Grèce, en Italie (Abruzzes et Sardaigne) et dans le sud de la France. Certaines variétés sont protégées par une AOP.
Préférez les stigmates entiers, plus savoureux, surtout dans les plats mijotés, les desserts ou les glaces. Vous pouvez opter pour le safran en poudre (moins cher, mais attention aux contrefaçons ! il peut s'agir de curcuma) si vous devez l'ajouter à une soupe ou une sauce.

Une longue histoire

Le safran a toujours prospéré dans le maquis méditerranéen et il semblerait que son berceau se situe en Grèce. Son utilisation remonte à plusieurs milliers d'années comme plante médicinale (contre les maladies respiratoires, digestives, cardiaques…) et comme ingrédient précieux en cuisine. Les Égyptiens lui attribuaient même des vertus aphrodisiaques. Son fort pouvoir colorant était utilisé pour teindre les vêtements des rois de Babylone ou des mariées de l'époque romaine.
Sa saveur est herbacée, chaude et légèrement amère, absolument incomparable. C'est l'épice la plus chère au monde : son prix élevé se justifie par la difficulté de la récolte, qui doit se faire à la main, mais surtout par la nécessité de cueillir une immense quantité de fleurs. Saviez-vous qu'il faut plus de 150 000 fleurs pour obtenir un kilo de safran ?

Autour de la Méditerranée

Le safran entre dans la composition de très nombreux plats traditionnels, notamment à base de riz. Il suffit de penser au riz pilaf au Moyen-Orient, à la paella en Espagne (p. 213), ou au risotto milanais en Italie.
On l'ajoute souvent dans les soupes de poisson, dont la célèbre bouillabaisse. Au Maghreb, il agrémente des tajines de viande (p. 148) et la sauce *chermoula* (p. 132).
Le safran est aussi utilisé dans les gâteaux (pardulas, p. 214, les biscuits et les liqueurs (comme la chartreuse, en France, ou la strega, en Italie).

> MAROC

THÉ À LA MENTHE ET AU SAFRAN

Pour 6 personnes

- Portez à frémissement un litre d'eau. Versez 1 c. à c. de thé vert Gunpowder dans une théière et ajoutez 2 c. à s. d'eau chaude. Jetez cette première eau.
- Dans la théière, pilez 90 g de sucre avec 4 pistils de safran et la quantité de thé désirée. Versez-y l'eau chaude et mélangez.
- Laissez infuser 2 minutes puis versez dans des verres et reversez dans la théière. Servez chaud avec des cornes de gazelle par exemple (p. 62).

CONSERVER ET UTILISER LE SAFRAN

- Le safran est une épice un peu fragile, conservez-le dans un récipient en verre fermé, dans un endroit sec et à l'abri de la lumière. Il se conserve 2 ans.
- Utilisez-le avec parcimonie, vous n'aurez besoin que de très petites quantités (de l'ordre de 0,1 g, soit une dosette ou 4 à 6 stigmates, pour 2 à 4 personnes, selon les recettes).
- Diluez-le dans 3 c. à s. d'eau tiède et laissez infuser 5 minutes avant de l'ajouter à la préparation, pour que sa couleur puisse se répandre.
- Pour que sa saveur se diffuse, ajoutez-le toujours en début de cuisson (douce) en évitant de le faire rissoler, ce qui anéantirait son parfum.

ASSOCIATIONS IDÉALES

CLASSIQUES

Dans des plats mijotés de viande et de légumes : agneau, poulet, porc, lapin…

Dans un riz pilaf, un risotto ou des pâtes.

Dans des soupes de poisson ou de fruits de mer.

Infusé, dans une mayonnaise, une crème pâtissière, une crème brûlée, une *panna cotta* ou dans une glace à la place de la vanille.

INSOLITES

Dans une soupe de chou-fleur ou de pommes de terre.

Dans une mousse au chocolat blanc.

Dans une glace à la rose ou aux pêches.

Paella

La paella est vraiment un incontournable de la cuisine espagnole. Un de ces plats complets, savoureux et généreux qui apportent beaucoup de gaieté à table. Ce plat frugal, né dans la région de Valence et composé de viande de basse-cour, de légumes et, parfois, de fruits de mer, se décline désormais à toutes les sauces.

POUR 4 PERSONNES

PRÉPARATION : 20 MIN – CUISSON : 1 H 40

• 200 g de riz rond espagnol (arroz bomba) ou, à défaut, de riz arborio • 120 g de petits pois écossés (frais ou surgelés) • 12 cl d'huile d'olive • 16 moules espagnoles • 8 crevettes ou 4 langoustines • 1 cuisse de poulet • 1 cuisse de lapin • 1 oignon jaune • 0,2 g de safran en poudre (2 dosettes) ou 6 stigmates • 1 pincée de paprika • sel.

1 Faites chauffer 5 cl d'huile d'olive dans une cocotte, et faites-y colorer de tous côtés les cuisses de poulet et de lapin. Couvrez d'eau et laissez cuire à feu moyen pendant 1 h 15. Éteignez le feu, filtrez le bouillon et désossez la viande.

2 Pendant ce temps, mettez les moules à tremper dans l'eau froide pendant 1 heure, en changeant l'eau plusieurs fois.

3 Dans une grande poêle de 30 cm de diamètre, faites rissoler l'oignon émincé avec le reste de l'huile. Ajoutez les morceaux de viande, mélangez puis répartissez le riz sur toute la surface. Mouillez-le avec une louche de bouillon et ajoutez le safran et le paprika. Couvrez le riz de bouillon encore chaud et laissez cuire à feu vif pendant 10 minutes. Salez, ajoutez les petits pois et laissez cuire 5 minutes à feu moyen (si besoin, ajoutez un peu d'eau chaude). Ajoutez les moules bien rincées et laissez cuire encore 5 minutes, le temps qu'elles s'ouvrent.

4 Pendant ce temps, plongez les crevettes ou les langoustines dans de l'eau bouillante, laissez-les cuire 3 minutes puis ajoutez-les au riz. Éteignez le feu et laissez reposer 5 minutes. Rectifiez l'assaisonnement et servez bien chaud.

CONSEILS ET VARIANTES

• La recette valencienne dont je me suis inspirée ne prévoit que deux types de viande (les plus ordinaires, à l'époque) : le poulet et le lapin. On y ajoutait souvent des escargots ou, les jours de fête, des fruits de mer. Vous pouvez ajouter des haricots (blancs ou verts), des tomates ou des poivrons, du chorizo, remplacer le lapin par de l'échine de porc… ou opter pour une version de la mer avec des calamars, des coques et des moules.
• Vous pouvez faire cuire la viande à l'avance et la garder au frais jusqu'à 3 heures. Vous ferez alors cuire le riz avec les autres ingrédients peu avant de servir. Vous pouvez aussi rissoler le riz plus longtemps avant d'ajouter le bouillon.

Pardulas

⁂

Ces petites tartes typiques de la Sardaigne, que l'on déguste généralement à Pâques, sont des petits soleils dorés qui font honneur au safran. La pâte, particulièrement légère, se caractérise par la présence du saindoux qui lui donne un croquant inégalable. La farce moelleuse est composée de ricotta parfumée au safran et aux agrumes.

POUR 8 PERSONNES (30 PIÈCES ENVIRON)

PRÉPARATION : 1 H 10 – CUISSON : 30 MIN – REPOS : 1 H

Pour la pâte • 200 g de semoule de blé dur très fine (ou de farine T55) • 200 g de farine + un peu pour le plan de travail • 50 g de saindoux (ou, à défaut, de beurre mou) • 8 cl d'eau • 2 c. à s. d'huile d'olive • 1 pincée de sel.
Pour la garniture • 500 g de ricotta fraîche de brebis, de brousse ou de *brocciu*, bien égouttés • 160 g de sucre • 2 œufs entiers + 1 jaune • 2 c. à s. de semoule de blé dur très fine (ou de farine) • le zeste d'1 citron jaune non traité • le zeste d'1 orange non traitée • 0,2 g de safran en poudre (2 dosettes) • ½ c. à c. de bicarbonate alimentaire.

1 Préparez la pâte. Dans un saladier, mélangez la semoule avec la farine. Formez un puits au centre et ajoutez le sel, le saindoux, l'huile et l'eau. Incorporez-les à la farine puis travaillez la pâte 5 à 10 minutes jusqu'à ce qu'elle devienne lisse et homogène (si besoin, ajoutez encore un peu d'eau). Formez une boule aplatie, couvrez-la de film alimentaire et laissez-la reposer au frais 1 heure.

2 Préparez la farce. Tamisez la semoule avec le bicarbonate. Dans un saladier, mélangez la ricotta avec le sucre et les zestes d'agrumes. Incorporez les œufs, le safran et mélangez. Ajoutez le mélange à base de semoule. Couvrez de film alimentaire et réservez au frais 1 heure.

3 Préchauffez le four à 170 °C. Prélevez un dixième de la pâte et gardez le reste sous le film alimentaire. Étalez-la sur un plan de travail légèrement fariné à 2-3 mm d'épaisseur. À l'aide d'un emporte-pièce, découpez 2 ou 3 disques de 10 cm de diamètre. Déposez au centre (en laissant une marge de 1 cm) une grosse noix de garniture à l'aide d'une cuillère ou d'une poche à douille.

4 Avec le pouce et l'index, pincez les deux parties opposées du disque, puis les deux autres parties pour former un carré et enfin pincez encore les bords de manière à former une sorte de panier ou de soleil à 8 rayons. Procédez de même avec le reste de pâte.

5 Posez les tartelettes sur deux plaques recouvertes de papier cuisson et enfournez 30 minutes environ. La pâte doit devenir croustillante et la garniture doit colorer. Servez tiède ou à température ambiante. Ces tartelettes se conservent 2 jours à température ambiante.

Table alphabétique des recettes

Index des recettes par ingrédient

A

L-M-N

O-P

R-S

Index des recettes par pays

Achevé d'imprimer en avril 2014
par Korotan D.O.O
Ljubljana, Slovénie